刘伯温

大明第一帝师

刘叶青　著

辽宁人民出版社

图书在版编目（CIP）数据

刘伯温：大明第一帝师 / 刘叶青著 . — 沈阳：辽宁人民出版社，2022.3
ISBN 978-7-205-10326-2

Ⅰ . ①刘… Ⅱ . ①刘… Ⅲ . ①刘基（1311-1375）—传记 Ⅳ . ① K827=48

中国版本图书馆 CIP 数据核字（2021）第 233787 号

出版发行：辽宁人民出版社
　　　　　地址：沈阳市和平区十一纬路 25 号　邮编：110003
　　　　　电话：024-23284321（邮　购）　024-23284324（发行部）
　　　　　传真：024-23284191（发行部）　024-23284304（办公室）
　　　　　http ://www.lnpph.com.cn
印　　刷：北京长宁印刷有限公司天津分公司
幅面尺寸：145mm×210mm
印　　张：7
字　　数：130 千字
出版时间：2022 年 3 月第 1 版
印刷时间：2022 年 3 月第 1 次印刷
责任编辑：贾　勇　赵维宁
封面设计：乐　翁
版式设计：一诺设计
责任校对：郑　佳
书　　号：ISBN 978-7-205-10326-2

定　　价：39.80 元

序 言

　　1311年，在浙南大地上诞生了一位对元明鼎革产生深刻影响的历史人物——刘基。刘基，字伯温，自幼熟读诗书，深受儒家思想的浸润，广泛涉猎天文、地理、军事、文学等知识，很快成长为忧国忧民、抱负远大的青年才俊。从二十五岁到五十岁仕元期间，他受到元朝腐朽没落势力的排斥、诬陷和打击，仕途坎坷，壮志难酬。为官二十五载，历经四起四落之坎坷，终于认清元末政坛的末路，于五十岁入朱元璋阵营。在腥风血雨的战役中，刘伯温审时度势，出谋划策，在龙湾之战、鄱阳湖之战、平江之战等诸多战役中，朱元璋最终都大获全胜。大明建国之初，国号的选定，大明律、大明历的颁行，明皇宫的建设，都城与孝陵的选址，科举制与军户制等方面，都有刘伯温的深度参与。中国历史长河中，有许多为后人津津乐道的君臣组合，但朱元璋和刘伯温则极为特殊。如果没有遇到朱元璋，刘伯温可能郁郁终生，以文学家的身份进入历史；如果朱元璋未能遇到刘伯温，他能否从游民和乞丐顺利成为一国之君，未可知也。他们两个人互相成就，在相当一段时间内是师生关系。刘伯温是大明开国皇帝朱元璋的第一帝师。明武宗称他为"渡江策士无双，开国文臣第一"，追赠刘伯温"太师"，谥"文成"，配享太庙。

刘伯温是中国历史上有重要影响的文学家、思想家和军事家。他的文章和勋业都卓绝一世。刘伯温做官则为民谋福，谋求救时之政，弃官则隐居故里潜心著述，探索出路。著作《郁离子》以寓言的形式表达了刘伯温经世治国的主张，也开出了治世之良方。与朱元璋第一次见面时，他献上《时务十八策》，辅助朱元璋历经八年问鼎天下，还有治国、惩贪、驭臣、养民等策略。在大明初建之时，每当朱元璋有难题，刘伯温都在幕后出谋划策，史书多次提到二人密室低语。基于此，民间流传许多刘伯温的离奇传说，甚至将他神化，说他能够预知未来之事。而历史长河中真实的刘伯温性情耿介、胸怀天下，善于智取、急流勇退，喜游山水、爱著文章，他波澜壮阔的一生将会带给读者许多思索。

目 录

第一章

英俊少年

一、名门世家

元武宗至大四年（1311），刘伯温出生于江浙行省处州府青田县南田山武阳村（今浙江省温州市文成县南田镇武阳村）。日后，他成为明代的开国元勋，著名的文学家、思想家和军事家，被誉为"渡江策士无双，开国文臣第一"。他有这么大的成就跟他的家世是分不开的。

刘伯温远祖皆为将门。十一世祖刘怀忠任军北番官巡检，抗击西夏军力战而死，为刘氏家族后世子孙留下宝贵的精神财富。十世祖刘绍能，秉承父业，任右班殿直，为军北巡检，抗击西夏军屡立战功，守边达四十七年之久，卒于皇城使、兰州团练使任上。九世祖刘永年，武将；远祖中八世祖刘延庆和七世祖刘光世地位最为显赫。刘延庆官至保信军节度使，七世祖刘光世在南宋时期与张俊、韩世忠、岳飞并称"中兴四将"，曾任殿前都指挥使，封荣国公。刘伯温远祖战功赫赫，守家卫国，对后世不遗余力，为国效忠有一定的影响作用。刘伯温近祖从六世祖刘尧仁开始，改变了祖辈从戎行伍的传统，迁居于浙江丽水竹洲（今浙江省丽水县太平乡）。刘尧任曾任兵部员外郎，秘阁修撰。五世祖刘集为处士，再次迁居于南阳山武阳村。刘伯温曾祖刘濠官至宋翰林尚书，祖父刘庭槐为元太学上舍，父亲刘爚为元代遂昌教谕，至刘伯温出生时，刘家已完全变成书香之家了，虽然家道不如远祖那样兴盛，但仍是南田山中颇具影响的家族。

《明史》记载，刘伯温的曾祖父刘濠在宋担任翰林尚书，乐善好施的德行广为人赞。刘濠在南宋灭亡后，作为前朝的文职官员明哲保身，回到青田隐居。每当有大雪封山或者连日阴雨时，他都会登高四望，看看哪家没有烟火，就派家人前去救济。刘濠在宋元易代之际，英勇焚宅，智救众人的善举在《两浙名贤录》等文献中均有记载。元初，统治者为了巩固政权，派出官员到各地收集情报，打击潜伏的反元势力，浙东道宣慰副使苟贴儿被派到青田县调查情况。此时，刘濠的同乡林融在青田招募了一支义兵，想要反抗元朝的统治，里面出现了一个叫李熊的叛徒。李熊为了眼前利益，据实拟了一份花名册献给苟贴儿。这份名单上有数百人，其中大多数是反元义士，还有李熊要报复的仇人和一些民间绅士。苟贴儿巡查本来就是想走走过程，不承想大有收获，他重重赏赐了李熊，预备将名单上报朝廷。当苟贴儿路过武阳村时，借宿在刘濠家中，尽管刘濠不情愿，还是款待了苟贴儿一行。酒过三巡，苟贴儿醉醺醺地说漏了花名册之事。刘氏家族虽然从七世祖刘光世之后，弃武从文了，但是家族遗风犹在，后世豪情不减。刘濠得闻花名册之事后，夜不能寐，不能眼睁睁看着众义士被杀，遂心生一计。刘濠趁着夜深人静，苟贴儿和随从皆熟睡之际，点燃了他住的祖房。随后，刘濠又奋勇地将苟贴儿救了出来，由于苟贴儿习惯赤身而睡，所以他的衣物和随身物品都消失殆尽，当然那份花名册也被烧毁了。苟贴儿自知饮酒失职，不敢怪罪刘濠，还庆幸刘濠在大火中救了自己。当他再次返回找李熊要名单时，李熊已经消失得无影无踪，所以，苟贴儿害怕朝廷致他失职之罪，最后不了了之，花名册上数百人才侥幸脱险。刘濠为了保护这些人，冒着生命危险，不惜烧掉自己的祖房。他用心良苦救了很多人，刘濠焚宅的善举也悄悄地在乡里流传开来。

根据《宋史》及刘氏家乘，其可考的世系为：

刘伯温家族世系表

世代	姓名	事迹	官职
十一世祖	刘怀忠	宝元二年（1039），怀忠偕横槊立马，共抗西夏，直至力战而死	内殿崇班、门祗候、保安军北番官巡检
十世祖	刘绍能	在顺宁击破夏军数万，防守边围四十七年，历经五十多次战斗，夏人畏忌，称"战功最多，忠勇第一"	皇城使、简州团练使、延兵马都监
九世祖	刘承牟	军功不详	官阶不详，系一武将
八世祖	刘延庆	多次抗西夏、辽、金军队南下，统军镇压过方腊，在靖康之变时，守开封阵亡	相州观察使、龙神卫都指挥使、延路总管、泰宁军节度观察留后、保信军节度使、马军副都指挥使
七世祖	刘光世	多次抗击西夏、辽、金军队南下，镇压过方腊，曾支援韩世忠，击退金兵	太尉、御营副使、江东、淮宁宣抚使、左护军都统制、护国、镇安、保静军三镇节度使、太保、三京招抚处置使、历封荣国公、杨国公赠、杨国公赠太师，谥武僖，追封安城郡王
六世祖	刘尧仁	从六世开始修文，改变了祖上从武习武的传统仕途，"充及天文地理、阴阳、医、卜诸术"，"通经术"	右文殿修撰、知池州
五世祖	刘集		处士
曾祖	刘濠		翰林尚书
祖父	刘庭槐		太学上舍
父	刘爚		遂昌教谕

二、伯温父母

刘家在南田是外来户，原来靠世代的积累生活，但是毕竟没有谋生之路，一直过着只出不入的拮据生活。而时间久了，刘家在乡里的口碑越来越好，刘濠的善举更让乡里觉得他家是可信赖之人，于是，有些佃户把能赎的田转卖给刘家，刘家总算有了安身立命的土地。至元十三年（1276），元世祖忽必烈吞并了南宋，中止了科举制度，刘家生活在江南，当时被称作南人，是在蒙古人、色目人和汉人之后的第四等公民，能在朝廷为官的可能性是很小的。刘濠的儿子刘庭槐学业出众，读到了太学上舍，却未能在朝廷谋取一官半职，郁郁而终。到了刘伯温父亲刘爚这一代，刘爚任处州府遂昌县教谕一职，相当于现在的县教育局副局长，有了微薄的收入。刘爚的人生目标是正心、修身、齐家、治国、平天下，饱览诗书、满腹经纶仍然得不到重用，慢慢地没有了斗志，只希望培养好后代，再赶上好年代，光宗耀祖。刘爚的大儿子刘舒不够聪颖，所以他期待再有一个儿子担负家族的厚望。

元至大四年（1311）六月十五，刘伯温出生了。当晚一轮明月平静地挂在天上，精通象纬之学的刘爚没有看出惊世骇俗的天象，而此时他多么希望神龙在天，或是天空透顶发红，但是他已经把早已想好的名字公布给大家,《淮南子·原道》中讲道:高者为基。孩子从小打好根基,日后才有所作为,刘爚希望第二个孩子能够根基稳固,将来出人头地,起码要超过自己。

同时,元朝历史上一个相对圣明的皇帝元仁宗上台了。他是元朝的第四位皇帝,名字是孛儿只斤·爱育黎拔力八达,他即位后,重用王约等汉臣,推行仁政,实行"以儒治国"政策,推进汉化改革。元朝在他的统治下达到了强盛的顶峰。最为难得的是,在他登基之后的第二年,也就是1313年,他重新开启了废禁已久的科举制度。这一年刘伯温不到三岁,但对刘爚来说是个天大的喜讯。尽管每三年举行一次的科举留给汉人中举的名额只有三十几个,中举的机会很渺小,但对于像刘爚这样的汉族儒生们来说,这足够感激涕零了。步入天命之年的刘爚自知不可能再去考取功名,现在唯一要做的事情就是把所有精力都放在对儿子的培养上。

在青田县,富氏是名门望族,家族中最有名的是北宋词人晏殊门下的富弼。晏殊门下四位重要人物分别是欧阳修、苏轼、范仲淹和富弼。在北宋时期,富氏家族声名显赫,富弼的孙子进入了北宋枢密院。南宋、元朝时期,富氏家族已经彻底衰落了,但是这个家族的斯文仍在,仍然以读书为荣。刘伯温母亲作为富氏家族后裔,知书达理、温柔贤淑,她优雅淡然的生活态度影响着刘伯温。

刘伯温的母亲跟中国古代女性一样，没有留下姓名，嫁给刘爚之后，一直被称为"刘富氏"。因为父亲工作在遂昌县，距离南田武阳村有三百多里路，不可能日夜陪伴在小伯温左右，教育孩子的任务就落在了富氏身上。富氏能识文能断句，眼光长远，能够很好地辅导小伯温。伯温四岁，还未到进私塾的年龄，刘爚就教他四书五经、唐诗宋词了。刘爚对小伯温的启蒙教导非常细心，他要让他的儿子去实现他毕生无法完成的梦想：金榜高中。伯温在小小年纪也表现出与其他小孩不一样的毅力，特别喜爱读书，记忆力超群，经常读上两三遍，就能背诵经典，同时能够加上自己的理解，小手背后，有模有样地展示给大人听。据说有一年正月，富氏在挈盒里装好素面等年货，让刘基到外婆家拜年，刘基因背《国风》入痴，竟把手头看的《国风》也当作年货送到了外婆家。直到现在，在刘、富族人中还流传着有关刘伯温"嗜书如命、《国风》拜年"的故事。可见，伯温幼年真的很好学。

三、年少好学

刘伯温天资聪慧，由父亲启蒙识字，阅读速度极快，据说七行俱下。在他七岁时，进了武阳村的私塾，当然先生教的不能满足小伯温的好奇心，几年下来，他已经学无可学了，父亲刘爚一直找机会让他去更好的地方接受教育。泰定元年（1324）秋，刘爚带伯温来到了处州府的括城郡学，这里每年只招二十五个学生，优秀的伯温顺利被书院录取。他跟从老师学习《春秋经》。这是一部隐晦奥涩、言简意深的儒家经典，很难读懂，尤其初学童生一般只是捧书诵读，不解其意。刘伯温却不同，他不仅默读两遍便能背诵如流，而且还能根据文义，阐幽发微，言前人所未言。老师见此大为惊讶，以为他曾经读过，便又试了其他几段文字，刘伯温都能过目而识其要。老师十分佩服，暗中称道："真是奇才，将来一定不是个平常之辈！"一部《春秋经》，刘伯温没花多少工夫就学完了。读书期间，刘伯温回青田县参加童子试，一举考中了秀才，乡间父老皆称其为"神童"。

刘爚想伯温天资聪颖，还是在学府外另请一名高师吧。有个老师被刘爚看中，他是延祐二年（1315）考中进士的郑复初。他是刚刚恢复科举制度考中的，曾任县丞等职，可谓品学兼优，德高望重。他不仅会读书，会考试，还很会教学生，他从来不把学生拘泥于书本知识，而是博取广收，取精用弘；他不仅教学生知识，还鼓励学生走出书斋，走进大自然，丰富阅历。郑复初面试刘伯温时，问："明天的天气如何？"刘爚想，这老师出的什么题目，而刘伯温不紧不慢地想了想，淡然地回答："明日一早为晴天，午后有雨。"郑复初说："你预测得对的话，我便收你为徒，咱们明日且看分晓！"果真，如刘伯温所料，第二天先晴后雨，顺利选了好老师。当刘熵问及此事时，刘伯温说父亲带回的经纬之书，他也有所阅读，略懂一些天象。郑复初在一次拜访中对刘伯温的父亲赞扬说："您的祖先积德深厚，庇荫了后代子孙；这个孩子如此出众，将来一定能光大你家的门楣。"

泰定四年（1327），刘伯温十七岁，师从处州名士郑复初学程朱理学，接受儒家通经致用的教育。郑复初不仅教会他学经史子集的方法，还教他如何研读天文地理、兵书谋略、易经八卦、谶纬术学。在学习之余，他与同学到少微山下的紫虚观游玩，结识了道士吴梅涧，伯温小他三十岁，但是志同道合，所言甚欢，他俩的友谊一直保持到至正十五年（1355）吴梅涧去世，伯温亲笔为他撰写墓志铭。刘伯温在郑先生处学习，可谓天地大开，儒家的积极进取与道家的闲散洒脱都囊括在他日后的行事规范当中。

泰定五年（1328），刘伯温离开括城郡学，回到家乡青田的石门书院。这个选择是恩师郑复初的主张，刘伯温考中了秀才，又掌握了良好的学习习惯和技巧。接下来，可以自学了，不需要老师大多指导了。对此刘熵也比较赞同，处州府城繁华聒噪，而青田环境僻静，不容易被打扰，更能潜心研读。

　　石门书院，建于唐朝天宝三年（744），书院因石门山而得名。石门山风景秀丽，奇峰妙谷，飞流瀑布，苍松翠柏，气候宜人，是一处具有清、幽、灵、古、奇、险、野、趣之特色的"洞天仙境"。东晋山水诗人谢灵运，在此留下《石门新营所住四面高山回溪石濑茂林修竹诗》一作：

跻险筑幽居。

披云卧石门。

苔滑谁能步。

葛弱岂可扪。

袅袅秋风过。

萋萋春草繁。

美人游不还。

佳期何由敦。

芳尘凝瑶席。

清醑满金樽。

洞庭空波澜。

桂枝徒攀翻。

结念属霄汉。

孤景莫与谖。

俯濯石下潭。

俯看条上猿。

早闻夕飙急。

晚见朝日暾。

崖倾光难留。

林深响易奔。

感往虑有复。

理来情无存。

庶持乘日车。

得以慰营魂。

匪为众人说。

冀与智者论。

在唐代，石门洞成为中国道教名山的三十六洞天之第十二洞天。唐朝诗人李白留《石门洞》一作：

何年霹震惊，

云散苍崖裂。

直上泻银河，

万古流不竭。

从这两首诗足见石门山风景之秀美，令人神往。刘伯温在此修学长达四年，基本上自学，不去石门书院，租住在鹤溪畔，食在附近的灵佑寺。刘伯温熟读儒家经典之外，还喜欢兵法，研读《六韬》《孙子兵法》《三略》《尉缭子》《李卫公问对》《历代兵制》等，由于在石门书院苦读，废寝忘食，常常读书到深夜，久之，眼疾肝病缠身。对于苦读的书生，总有许多神话故事慰藉心灵，更何况刘伯温这么清瘦英俊机智的书生。在石门书院，传说里有九天玄女赐天书，白猿传太公兵法等神话故事，给刘伯温的求学经历添上了神话色彩。此时，朱元璋刚刚出生于濠州钟离（今安徽凤阳东北）（1328），谁也想不到三十多年后，刘伯温和朱元璋相遇，惺惺相惜，铸就新的朝代。

四、金榜题名

元至顺三年（1332），刘伯温在杭州参加江浙行省乡试，得中举人，名列十四。元统元年（1333）刘伯温赴大都（今北京）参加会试。刘伯温和同乡一起赶往大都，一路上风景无限，吟诗作对，堪称热闹。当他们到达时，更是为大都繁华所震撼。据《马可·波罗游记》中记元大都的盛况："城市方圆24英里，每一面长 6 英里。城墙上共有 12 扇城门，每扇城门上都有一个漂亮的大城楼。街道笔直宽阔，你们可以沿着街道从一端看到另一端，也可以从一扇城门看到另一扇城门。整个城市，到处都有美丽的宫殿，还有许多极好的大旅店和大量精美的房屋。……凡是世界上最稀奇最有价值的东西，都会集中在这里。"元大都商贸兴隆、市井繁华，各个民族，各个国家，不同语言不同宗教信仰的人都来拜谒，外交使节、传教士、商贾等在此云集。然而，大都的繁荣仅是表象，元统治者害怕自己被汉化，为了维护蒙古人的绝对优势，提出社会"四种人"的划分。第一等蒙古人，元朝的"国族"，被称"自家骨肉"；第二等色目人，包括波斯人、阿拉伯人、突厥人、粟特人、吐蕃人等，波斯人比例最高，被称"自家亲戚"；第三等汉人，大概包括淮河以北原金朝境内的汉族和契丹、女真、高丽等和较早被征服的云南人，最晚被征服的四川人；第四等南人，包括原南宋境内江浙、江西、湖广三行省和河南行省南部，因为南人曾激烈反抗元军，几乎被剥夺了所有权利，处于社会的最底层。元初取消了隋以来的科举考试制度，阻隔了读书人上升的渠道。这让宋朝遗民不能苟同，一部分汉人是以耶律楚才、许衡等人为代表的华北儒者主张愿与元统治者和平相处，以中华优秀的经典和制度教化蒙古人；一部分汉人以谢访、王应麟等人为代表的江南南宋遗民，他们坚持气节，缅怀故国，选择隐匿深林乡里著书为业，不再出仕。到了元朝中后期，朝野腐败、财政困难、民间暗流涌动，这种情形下，元仁宗孛儿只斤·爱育黎拔力八达志在求变，推行新措施，缓和矛盾。其中之一是在元仁宗皇庆二年（1313）十月，有官员上书，建议恢复科举制度，以便能够吸纳汉人中的精英为元朝所用。当时，元仁宗立刻准其所请。延祐二年（1315），元朝首次开科取士，以后三年一次，直到元朝灭亡。元朝共举办了十六次科举考试，考中进士1139人，刘伯温就是其中一员。

刘伯温在科举考试中交出了两篇文章，《龙虎台赋并序》和《春秋义》。《龙虎台赋并序》中刘伯温将龙虎台比作传说中的三座仙山——蓬莱、方丈（又名方壶）和瀛洲，称龙虎台是按照人的意愿用自然之力建造的人间仙境。颂曰：

> 杰彼神台，在京之郊。金城内阻，灵关外包。
>
> 上倚天倪，下镇地轴。太行为臂，沧海为腹。
>
> 崇台峨峨，虎以踞之。群山苍葱，龙以翼之。
>
> 于铄帝德，与台无穷。于隆神台，与天斯同。
>
> 崇台有伟，鸾驾爰止。天子万年，以介遐祉。

此篇文章洋洋洒洒，气势恢宏，强烈地表达出自己的感慨。

他赶上了科举考试的机遇，如果他能金榜题名，一定不负众望，报效祖国。后来清代纪晓岚在整理《四库全书》中评价此作，"以场屋之作为世所传诵者，百中不一二也"，就是说在考场能发挥好写出这样的文章并为后世所传诵的人，百篇中超不过一二篇。

另外一篇《春秋义》，是刘伯温多年研究学习《春秋》的成果，文中运用大量的数据分析出楚国称谓变化的原因，表达对楚王好用武力的不满，文章总结，"《春秋》谨华夷之辩，楚则中国之变于夷者，故上不使与诸华等，下亦不使与夷狄均，来则嘉其慕义而接之以礼，强则罪其猾夏而威之以刑，圣人之情见矣"。视角独到，立意深刻。有新意，有文采，让主考官批阅起来耳目一新，甚是欢喜。

最终，刘伯温考取了进士，排名二十六名，此时刘伯温年仅二十三岁，令无数学子自愧不如。相传，主考官翰林学士揭傒斯评价刘伯温："此魏徵之流，而英特过之。将来济时器也。"足见对刘伯温的才识极为赞赏。科举考试很顺利，那么刘伯温进入仕途之后会不会顺风顺水呢？刘伯温满腔热血，欲报效祖国。而此时元朝从中央到地方各级官员的实权都牢牢掌握在蒙古人和色目人手中。中央最高行政机构中书省的丞相，就"必用蒙古勋臣"，忽必烈规定"不以汉人为相"，次于丞相的平章政事多由蒙古人、色目人担任，一般不授予汉人。各行省丞相、平章的任用照此例进行。所以，刘伯温等汉人或者南人考中进士之后，处在候补状态，等有实际官位空缺，再行安排。所以，榜上有名的蒙古人和色目人在揭榜不久就走马上任了，而这些考中的汉人和南人却在等待安排。所以只能先打发回家等候通知了，和刘伯温一起得中进士的同乡叶岘、徐祖德也是同样遭遇。所以他们不得已无奈离去，各归故里，等候安排。

第二章 初入仕途

一、走马上任

新晋进士归乡，二十三岁早到了乡里娶亲的年龄。在等候补缺之时，刘伯温奉父母之命和他表妹富氏成亲，刘家和富家的婚姻模式持续了九代之久。刘伯温一生共娶了三个老婆，家事都很和睦。其间父亲病逝，刘爚在刘伯温身上花费了大量的心血，看到儿子考取进士，娶亲成家，甚是欣慰，没有带着太多的遗憾离去。刘伯温心思沉稳了许多，可是国事依然不明朗。兵荒马乱，战火连连，刘伯温在家闲居三年。

至元二年（1336），刘伯温的机遇来了，有个职位空缺，二十六岁的刘伯温被元朝政府授为江西瑞州高安县县丞（正八品），协助县令处理政务。同道好友余阙等人都远道前来祝贺，余阙赠诗《送刘伯温之江西廉使（得云字）》记录此事。"祖账依山馆，车盖何缤纷。使君驱驷马，衣上绣成纹。……情多酒行急，意促歌吹殷。况我同乡友，同馆复离群。……苍茫岁年徂，东西歧路分。道长会日远，何以奉殷勤？惟有凌霜柏，天寒可赠君。"余阙是和刘伯温同榜进士，此时还在等候安排。从余阙的诗里行间可看出，好友对于刘伯温出仕是很羡慕的，同时写出了刘伯温的高尚品格，映照出即将上任的刘伯温神采奕奕、容光焕发的精神面貌。

至元二年（1336）十月金秋时节，刘伯温辞别母亲和妻子，从家乡青田启程，路经本省丽水、松阳、龙游、安江、衢州，然后进入江西，经过沙溪、铅山、弋阳、安仁和洪都（今江西南昌），直到高安，行程六百多公里。一路上气候适宜，且行且歌，此时的刘伯温跟进京赶考的心情完全不一样，更多的是坦然和平静，写下诗篇《发龙游》《早行衢州道中》《弋阳方氏寿康堂》《发安仁驿》。在《发龙游》中，他发出了"狭径非我由，周行直如发"的感慨，表达出自己不会因为世道污浊而同流合污的仕途品格，"扬鞭望南天，晴霞绚闽越"表达出自己怀念家乡和旅途愉悦之情。《早行衢州道中》中写道："草际生曙色，林端收暝烟。露花泣啼脸，风叶弹鸣弦。农家喜铚艾，行歌向东阡。大道无狭邪，平原多稻田。客行良不恶，敢曰从事贤。"此诗描绘了路途中的一幅农家田园画面，风景恬适，而生活其中的老百姓又是什么实际境遇呢？连年的征战，百姓可谓苦不堪言。

元朝是以铁木真、忽必烈为首的游牧民族建立的，因此以畜牧为主，经济单一，无所谓土地制度，并试图把耕地都变为牧场。大臣耶律楚材建议不如保留汉人的农业生产，以提供财政上的收入来源，这个建议受到铁木真的采纳，并逐渐创立元朝赋税制度。元朝赋税制度主要有税粮和科差两项。税粮南北不同，北方分为丁税、地税；南方则沿袭南宋旧制，按地亩征收两税。科差行于北方者，包括丝料、包银和俸钞三项。南方科差则有户钞、包银。但包银在元代施行时间很短。

蒙古统治者在占领全国过程中，除征收严苛赋税、没收金朝和南宋的官田外，还占有大量无主荒田和侵夺有主民田，也有新开垦的屯田、官田、牧场等，都是由以蒙古皇室为中心的官僚机构和王公贵族所控制的。蒙古王公贵族圈占民田为牧场的情况，在蒙古国和元王朝初期是相当严重的。忽必烈时，东平人赵天麟上疏说："今王公大人之家，或占民田，近于千顷，不耕不稼，谓之草场，专放孳畜。"在陕西地方，甚至有恃势冒占民田达十余万顷者。元朝政府除直接管理一部分官田外，还把大部分官田赐给皇亲、贵族、功臣、寺观。如忽必烈赐给撒吉思益都田一千顷，元文宗图帖睦尔赐给安西王阿剌忒纳失里平江田三百顷，元顺帝时权臣伯颜前后共得赐田两万顷之多。寺院道观也拥有大量田地财产，大护国仁王寺、大承天护圣寺拥有田地数以十万顷计。

金、宋末年的汉族大地主，许多人因投降蒙古保持了自己的田地财产。江南大地主受到的损失很小，他们继续兼并土地，一些富户占有两三千户佃户，每年收二三十万石租子。如松江曹梦炎占有湖田数万亩，瞿霆发占有私田并转佃官田达百万亩。

在统治阶级的残酷压迫和剥削下，广大劳动人民的处境十分悲惨。其中受压迫和剥削最深的是驱口。驱口是元朝特殊历史条件下的产物，他们大部分是战争中被掳掠来的人口，后来也有因债务抵押、饥寒灾荒卖身，或因犯罪沦为驱口的。驱口有官奴、私奴之分。官奴主要从事手工业劳动；私奴是主人的私有财物，子孙永远为奴，可以由主人自由买卖。佃户有官佃和私佃两种。私佃的地租率很高，一般都在五六成，甚至八成；官佃的地租率，在元代初期一般低于私佃，以后越来越高，中叶以后往往超过私佃的地租率。佃户对地主的人身依附关系十分严重，有的地方佃户可以被地主典卖，或者随土地一起出卖；个别地方，佃户生男便供地主役使，生女便为女婢，或充当妻妾。自耕农占有极少量土地，他们常常因经受不了地主转嫁的沉重赋役而倾家荡产。

贵族官僚掠夺土地，地主富豪兼并土地，使贫富分化进一步加剧。元朝政府承认：各地的地主一般多从"佃户身上要的租子重，纳的官粮轻"。徭役不均的现象也日益严重。以元末福建崇安为例，富豪只占全县纳粮户的九分之一，所占土地却有六分之五，而官府却将富户应承担的徭役强加在"细民"身上，"贫者受役旬日，而家已破"。因此，广大佃户、自耕农因破产而典卖妻女、牲畜，或沦为驱口，或离乡流亡，是十分普遍的。

刘伯温行途当中，目睹百姓之疾苦，立下自己的目标，做一个贤臣，为百姓谋福。刘伯温在《发安仁驿》中写道："鸡鸣发山驿，天黑路弥险。烟树出猿声，风枝落萤点。江秋气转炎，嶂湿云难敛。伫立山雨来，客愁纷冉冉。"表达出了刘伯温行程的劳顿和内心的担忧，以"伫立山雨来"暗喻元朝社会矛盾重重，自己的忧国忧民之情。

二、开局不利

刘伯温日夜兼程，到了江西瑞州高安县后，拜会了顶头上司县尹和达鲁花赤（蒙古语，掌管地方行政和军事大权，大多世袭而不学无术）之后，很快就投入到了工作中。据史书记载，高安在各朝各代的名称、行政范围及归属多有变化。秦汉以前，高安为百越之地。《吕氏春秋·恃君》云："扬、汉之南，百越之际。"《汉书·地理志》臣瓒注："自交趾（位于今越南社会主义共和国境内）至会稽（今浙江绍兴）七八千里，百越杂处，各有种姓。"春秋战国时期，高安属于"吴头楚尾"。秦始皇二十四年（前223）秦灭楚后，高安属九江郡。到了汉朝，汉高祖改九江郡为淮南国，遂属淮南国豫章郡。汉高祖六年（前201），高安建县，取名建成。唐武德五年（622），为避太子李建成名讳，改建成为高安。《太平寰宇记》载："地形似高而安，故名。"五代十国时期，高安先属吴政权，后属南唐政权所辖。保大十年（952）复置筠州，领高安、上高、万载、清江四县，高安是筠州治所。北宋太平兴国六年（981），从高安、上高分别划出一部分设置新昌县（今宜丰县）。绍兴十三年（1143），筠州改名高安郡，五年后复名筠州。宝庆元年（1225），因"筠"字与宋理宗赵昀名同音，且恰逢州治后山的碧落堂发现一株十四茎灵芝草，视为祥瑞之兆，乃改筠州为瑞州，高安仍是县名，为瑞州治所。元朝改州为路，高安归瑞州路治，是一个拥有三万户以上人口的上等县。

刘伯温担任县丞，相当于副县长。县尹，县长，后来叫县令，正七品。县丞，正八品。这个品，有正，有从，就是一个等级里面有两个台阶，正七品到正八品之间是两个台阶，正七品，从七品，正八品，从八品，所以刘伯温是正八品。俗话常说"七品芝麻官"，那么，刘伯温比芝麻官还要小两级，但是刘伯温很重视这个职位，因为他尊儒重道，有治国平天下的抱负，得给百姓做事情，要给国家效力。他一上任，就作《官箴》三篇以自勉。他以四言诗的形式，全面阐述了为官从政应坚守的底线与原则。他提出"治民奚先，字之以慈"的民本理念，立志"拯艰息疲"；他说对待老百姓要"弱不可凌，愚不可欺，刚不可畏，媚不可随"；他认为清廉自守是为官的基本要求，"无矜我廉，守所

当为"。《官箴》成为刘基一生为官的座右铭,分上、中、下篇,以上篇最有名,上篇云:

> 治民奚先? 字之以慈。有顽弗迪,警之以威。
>
> 振惰奖勤,拯艰息疲。疾病颠连,我扶我持。
>
> 禁暴戢奸,损赢益亏。如农植苗,夙夜孜孜。
>
> 涝疏旱溉,无容稗秕。如良执舆,顺以导之。
>
> 无俾旋泞,强策以驰。慈匪予爱,帝命溥时。
>
> 威匪予憎,国有恒规。弱不可凌,愚不可欺。
>
> 刚不可畏,媚不可随。无取我便,置人于危。
>
> 无避我谤,见义不为。天鉴孔昭,民各有思。
>
> 惠之斯怀,推之乃离。誉不可骄,器恶满歌。
>
> 谤不可怒,退省吾私。人有恒言,视民如儿。
>
> 无反厥好,以暴予知。是用作箴,敢告执羁。

从《官箴》中,可以看出刘伯温的民本思想,箴言中写到不要对那些软弱的,弱势群体盛气凌人,压人一头,不要对那些个看来好像很愚笨,没有文化的人,欺负他们,"弱不可凌,愚不可欺"。他们都是平等的人,要爱护他们。"刚不可畏,媚不可随"。有权有势的人,不怕他,他做的事对,可以支持他,做的事不对，照样可以批评他，该惩治就惩治，不逢迎权贵。

刘伯温对自己提出了很高的要求，因此他在任上以廉洁正直著称。刘伯温上任后短时间内熟悉和接管了自己的工作，解决了许多历史遗留问题。原来，达鲁花赤只管大事拍板，县丞负责具体办事，县长则介于中间，虽不可以拍板，但可以不干事。这便苦了当县丞的人，大事做不得主，小事又干不完，累死累活，还夹在两头受气。于是偷奸躲懒的县丞换了一个又一个，最终还是没人愿做。加上高安县城还多了一级州政府，许多民事纠纷便成为皮球在州、县之间被踢来踢去，致使高安一度官场腐败，社会混乱，恶霸横行，百姓吞声，衙门里积压了许多该办未办的案子无人问津。现在情况好了，高安新县丞刘伯温，是个愿干事、敢干事的小县丞。他一上任就忙得不可开交，似乎县里的事都是他一个人的事，似乎县衙门就他一个人是官，抱着实现自己人生志向的刘伯温，此时也不管那么多，对于如山的积案他经过一番清理核实，深入乡间，体察民情，发现高安县一些豪绅地主勾结贪官污吏，无法无天，骗人钱财，夺人妻女，杀人害命，无恶不作。刘伯温倾听百姓的哭诉后，义愤填膺，决心为民除害。经过明察暗访，掌握了真凭实据后，对几个劣迹昭著的豪强恶霸，坚决予以严惩，并对县衙内贪赃枉法的官吏也进行了整治，高安县的社会风气很快就有了好转。刘伯温刚正不阿，一身正气赢得了百姓的赞誉，于是，高安县县丞刘伯温秉公办案、料事如神的故事便流传开来。

有一次，刘伯温接到一张状子，是县前卖烧饼油条的赵老汉写的，他起早贪黑积攒的几十贯铜钱被人偷走了，他觉得往后日子没法过了。当刘伯温问老汉，何时发现丢的钱？老汉也道不明白。刘伯温随带衙役，前往现场查看，发现这个小偷老到啊，基本上没有留下作案痕迹，不使点手段不好断案。于是，第二天一大早，刘伯温就让衙役在县衙门口贴出告示，通知城关各住户到县衙门口集合，同时，再安排几个衙役，敲锣打鼓地在大街小巷通知百姓务必前去，不得缺席。到了中午，所有人都被传唤到了县衙大院，大伙一看，刘伯温身着官服，带着两个侍卫已经站定。刘伯温身前放了一面大缸，里面还盛了满满一缸清水，众人不解。这时，刘伯温则向众人解释道："各位父老乡亲，赵老汉家中被盗，目前线索不明，他近日生活困顿，希望各位扶助他一下，一人只捐一文钱就可以。"众人听了，皆同情赵老汉，纷纷响应，排成长队，依次地向水缸里投钱。但是众人还是不解：刘大人为何让我们把钱捐进水缸里呢？而现场的刘伯温不慌不忙地用眼神和每一个捐钱的人交流。这时，一个三十来岁的壮汉扔下钱后，头也不抬就想转身离去，刘伯温猛地一下站了起来："拿下！他就是窃贼！"这人当场就呆住了，连周围的百姓也不敢相信，这怎么能看出来？原来刘伯温想以捐款为名，找出罪犯。这人姓李，城关的人都叫他李四。刘伯温派人去他家搜查，果然在其床底下搜出了一个罐子，这正是赵老汉丢失的。在铁证面前，李四只能招认了，但他还是充满好奇地问："刘大人，你是怎么知道是我偷的呢？"刘伯温微微一笑，道："我一直看着那个水缸，你的钱投下去时，水上漂起了一层油渍，这很可能是赵老汉家的钱。而你一直不敢抬头，行色匆匆，行为反常，就更加怀疑你了。"

这样的故事还有很多，都说明了刘伯温逻辑缜密，善于推理，秉公执法，同时也充分证明了高安百姓对刘县丞的敬佩与尊重。在任县丞的五年内，刘伯温处理地方事务的原则是"严而有惠爱"，能体恤民情，但不宽宥违法的行为；对于发奸摘伏，更是不避强权。因此，他受到当地百姓的爱戴。然而因为他的耿介，地方豪绅对他恨之入骨，总想找事端陷害他。

有一年，高安县发生命案，初审结案，原告不服，到瑞州路喊冤上诉。因为被告有蒙古人的背景，谁也不敢接受，担心得罪蒙古人会丢了乌纱，毁了前程。后来路总管派刘伯温前去审案，他欣然受命，星夜前往新昌，进行微服私访，调查取证。后又仔细查阅案卷，找出其中破绽，最终使案件水落石出。原来这是一起谋杀案，歹徒横行乡里，杀人后，贿赂新昌州官，州官遂断为误杀，草草结案。刘伯温重审此案，使凶犯依法偿命，州官也因贿赂渎职被罢免。此案结后，瑞州路上下震动，百姓称刘伯温为"慈父""刘青天"。刘伯温为民申冤，又得罪了当地豪强，他们和刘伯温在高安得罪的地方豪绅一起联手控告刘伯温，想要把刘伯温置于死地。而在人际关系上，刘伯温显然年轻气盛，不懂得平衡。他空降到高安，自顾自地理政，锋芒毕露，忽视了蒙汉两位上司的感受，他们不明说，但是经常向上一级行省汇报，希望把这个县丞调走。所以就在断了这个人命案之后，至元六年（1340）刘伯温被革去了做了五年的高安县丞之职，调至江西行省洪都（今南昌）去任掾史。那么，接下来，他的仕途是否会顺利呢？

三、弃官归里

刘伯温十多年苦读，几经考场，考取进士，为官廉洁公正却遭到攻击，当了掾史，每天的工作细细琐琐，虽然品秩没变，但是工作跟县丞大有不同，所做之事就是抄抄写写，或者和上司谈论一下诗词歌赋，偶尔也代上司起草奏章等事务。关于掾史一职，元人赵汸有一段详细的论述：

国朝以科目取士，参用于中外百司，其秩八品。而以才名称者，则行中书得辟为掾。掾之员，多者数十，命士半之，由进士来，每不过四五人。公卿大夫，好恶旨殊，则获上之道难；刀笔绮纨，品流趣异，则取友之义阙……众簿书期会，米盐杂集，月更季谢，虽俊杰无所置才，以儒者为之，动无不宜，仅能免过。一毫发冒，吏则群言鼎沸，蹙蹙不得安视。夫栖身末僚，掣肘下邑者，尤难居矣！

从赵汸的论述可知，掾史作为栖身末僚的"笔杆子"不太好做，没有发表个人见解的机会，只能按照上司的意图撰写文字，很难有出头之日。但对于刘伯温而言，他幻想着可以被行省大臣破格提拔，就任某个实职官缺。行省大臣很亲切地迎接了刘伯温，还为他设宴接风洗尘，这让他感受到了一丝官场温暖。重新上岗之后的刘伯温虽然工作稳定，每月的薪俸也算说得过去，但是半年之后，他又郁郁不乐起来，行省大臣根本没有提拔他的意思，对待他等同于门下的幕僚或者门客。在洪都当了两年掾史之后，至正二年（1942）刘伯温终于鼓起勇气，辞官归里。辞官的理由不详，后来在刘伯温写给好友钱士能的赠序上，提道："岁余，士能与幕官议事不合，拂衣去；未几，余亦以朽钝辞归。"朽钝是他自嘲的辞官理由，当然，刘伯温绝不是朽钝，他完全是一个标准的文人，秉公执法，不随波逐流，不阿谀奉承，嫉恶如仇，刚直不阿，所以他在官场显得格格不入。在同僚和豪绅的双重排挤下，他自感寸步难行，同时，他也看不惯官场的污浊和黑暗，因此他选择了离开。

回顾江西为官七年，刘伯温从一个耿直、热情、不断碰壁的初仕者，逐步探索适合自己的发展道路，这一路虽坎坷无比，但因结识了钱士能、葛元喆、李爟、郑希道、黄伯善等志同道合的友人而使得内心有所慰藉，这点可以从刘伯温深情的诗文中窥知一二。在刘伯温离开高安之时，好友郑希道赴京师任职，他写下《梁甫吟·送郑希道入京》："老翁生长平原里，但见平原路如砥。谓言路平无崄巇，车轮不摧马如飞。今日驱车上梁甫，回头却忆平原路。梁甫吟，愁我心。"文词平淡，意境幻变，借用李白《梁甫吟》的寓意，表达内心抱负不得实现的悲愤之情。

钱士能是和刘伯温几乎同时调任行省官掾史的，他耿直、富有才能，有理想抱负，不囿于一隅，相似的性格使两人成为知己。钱士能在洪都任职一年多，因"与幕官论事不合"，毅然辞官归里，回家乡做了一个私塾先生，他的言行对刘伯温的影响很大。好友郑希道升官去了京师，钱士能因为受不了官场的黑暗和排挤，辞职回家，无疑让刘伯温内心更加孤寂。

葛元喆（又葛元哲），金溪（今江西金溪县）人。二十岁文章就有名气，至正七年（1347）乡试中举，次年春试连捷，考取进士，任江浙行省掾史。苏天爵、樊执敬等行省大臣都以宾友对待葛元喆。至正十四年（1354），以大臣推荐为金溪县令。葛元喆有英气，博学工文，书法与赵孟頫并称于世，做官以善绩称，明代崔亮、苏伯衡都曾拜他为师，门人私谥之曰"文贞先生"，有《葛元哲遗稿十卷》流传于世。他与县人曾坚、朱夏、危素齐名，元时有"曾、朱、葛、危之文学"的美称。刘伯温与之结交当在高安五年期间，两人经常切磋文学，畅谈理想。刘伯温在洪都时，两人经常保持书信联系，刘伯温所写《送葛元哲归江西》：

我昔筮仕筠阳初，官事窘束情事疏。

风尘奔走仅五稔，满怀荆棘无人锄。

明堂大开壮梁栋，散木不遗橡柷用。

豫章江上一逢君，矫矫鸡群一孤凤。

城头月出明星稀，开门望月露沾衣。

文章绣衣郎，谈屑天葩霏。

得句即高歌，惊起乌鹊穿林飞。

星流云散隔吴楚，有时梦君诗上语。

座中百谷含清晖，窗外飘风度疏雨。

我住青山耕晚霞，君去蟾宫折桂华。

别来八见秋雁过，忽然会合增长嗟。

江南二月草未秀，雪阵如涛衮清昼。

投壶命觞尽文友，此乐百年何日又？

一朝复一朝，三岁如过电。

四牡彭彭子独贤，江东山水应看遍。

人间事，万不齐，我马向南君向西。

海门日照渔浦白，骊歌欲断吴云低。

栝苍山，临川水，相思迢迢一千里。

山高高兮水深深，极望不见愁人心。

应将魂梦化为鹤，永夜月明怀好音。

　　此诗写于葛元喆考取进士，去江西赴任之时，这首诗详细叙述了刘伯温十六年的生活，回顾了自己高安五年的做官经历和与葛元喆交往的点点滴滴，"相思迢迢一千里""山高高兮水深深，极望不见愁人心"，道出了两人感情之深。

　　李燨，字以庄，进士出身，工诗文，擅书画，与江右诗派刘嵩等人多有接触，也是刘伯温的好友。当年朋友聚会的场景和友人所赋的诗句，二十年后刘伯温仍铭记在心，在战乱中担心着友人的安危，其感情之深是不言而喻的。刘伯温《写情集·临江仙》（卷二）中这样写道：予在江西时，与李燨、以庄善，以庄尝赋诗，有曰：泪如霜后叶，摵摵下庭柯。郑君希道深爱赏之。今郑君已卒，以庄与予别亦二十年，梦中相见道旧好，觉而忆其人，不知今存与亡，因记其诗属为词，以写其悲焉。

街鼓无声春漏咽，不知残夜如何。

玉绳历落耿银河。鹊惊穿暗树，露坠滴寒莎。

梦里相逢还共说，五湖烟水渔蓑。

镜中绿发渐无多。泪如霜后叶，摵摵下庭柯。

从高安县丞到洪都掾史，刘伯温都忙于公务，无暇游玩，现在辞官，可以出去走走。刘伯温约上好友李爟同登滕王阁，共游鄱阳湖。鄱阳湖烟波浩渺，水天相连，看着浩瀚的湖面，两人欣赏到了王勃在《滕王阁序》中所写"虹消雨霁，彩彻云衢，落霞与孤鹜齐飞，秋水共长天一色……"的景色。鄱阳湖像一面镜子，照进了刘伯温的内心。风平浪静时，鄱阳湖一眼望去，湖水碧蓝、渺渺茫茫，好像和万里蓝天连接在一起。突然，刮来一阵大风，几百里的水面白浪滔天，汹涌澎湃，风声、水声响成一片，就像那千军万马齐涌过来，弄得两人措手不及。刘伯温不禁感慨，人生和自然界何其相似，天气变幻莫测，无论阳光明媚还是狂风骤雨，都是一道风景。自己没有必要为辞官长久叹息，将来有转机也未可知？刘伯温与李爟辞别，随后就踏上了归途。

四、游历山川

刘伯温对朱子理学思想摇篮的武夷山抱有很浓的兴趣，而或是喜欢武夷山的红茶，他决定绕道去武夷山一游。武夷山地处福建与江西的交界处，大自然赐予了它独特和优越的自然环境，吸引了历代的高人雅士、文臣武将在山中或游览或隐居或著述或授徒，前赴后继，你来我往，李商隐、范仲淹、朱熹、陆游、辛弃疾等人都在此驻足过，朱熹、游酢、熊禾、蔡元定等鸿儒大雅都在此有书院遗址多处。刘伯温追寻先人足迹，在山中寻仙，当他走到九曲溪时，不禁想起了朱熹所作《九曲棹歌》，这是最早概括描绘武夷山九曲溪风貌的诗歌佳作，九曲溪因此而名扬天下。九曲溪发源于武夷山脉的主峰——黄岗山的西南，上游流经山深林密，下游流过星村，进入武夷山风景区，绕了九曲十八弯，到武夷宫前汇入崇阳溪，全长约60公里。而从星村至武夷宫这段则为九曲溪，长不过10公里。

武夷山上有仙灵，山下寒流曲曲清。

欲识个中奇绝处，棹歌闲听两三声。

一曲溪边上钓船，慢亭峰影蘸晴川。

虹桥一断无消息，万壑千岩锁翠烟。

二曲亭亭玉女峰，插花临水为谁容。

道人不作阳台梦，兴入前山翠几重。

三曲君看架壑船，不知停棹几何年。

桑田海水今如许，泡沫风灯敢自怜。

四曲东西两石岩，岩花垂落碧㲱毵。

金鸡叫罢无人见，月满空山水满潭。

五曲山高云气深，长时烟雨暗平林。

林间有客元人识，欸乃声中万古心。

六曲苍屏绕碧湾，茆茨终日掩柴关。

客来倚棹岩花落，猿鸟不惊春意闲。

七曲移舟上碧滩，隐屏仙掌更回看。

却怜昨夜峰头雨，添得飞泉几道寒。

八曲风烟势欲开，鼓楼岩下水潆洄。

莫言此地无佳景，自是游人不上来。

九曲将穷眼豁然，桑麻雨露见平川。

渔郎更觅桃源路，除是人间别有天。

  朱熹这首《九曲棹歌》写武夷山上有仙灵，共有九段七绝诗。朱熹在武夷山生活四十多年，淳熙十年（1183）建武夷精舍，对九曲溪有深厚的情感，朱熹乘舟逆流而上，由一曲溪到九曲溪，渐入佳境，追逐桃花源仙境。第一曲溪幔亭峰是神话故事中武夷君宴请乡人的所在之处。传说宴会当天，虹桥架空，群仙驾临，祥云缭绕，仙乐悠扬，轻歌曼舞，飞觞劝饮。乡人顶礼膜拜之余，亦皆开怀畅饮。宴罢乡人归，风雨骤至，虹桥飞断，神迹杳然。这一神话传说，充满奇诡神秘色彩。民间传说自从虹桥飞断之后神仙就不再光临此地了。第二曲溪迎人而立的是峭拔挺秀、明艳照人的玉女峰。玉女峰突兀拔空，峰顶花木参簇，整座山峰像束髻簪花的少女，岩壁缝痕似衣裙皱褶，飘飘欲仙，峰下碧波绮丽的"浴香潭"，传说是玉女洗浴的地方。潭中一块方形巨石，刻"印石"二字。峰左侧有一岩叫妆镜台，刻有二丈多高的"镜台"二字。民间传说玉女隔溪与一曲之畔的大王（大王峰的象征）苦恋，朱熹的二曲之歌即咏此。玉女峰和周围的山水构成一幅仙境般的图画。第五曲溪"山高云气深"，"山高"指精舍后的隐屏峰，"长时烟雨暗平林。林间有客无人识，欸乃声中万古心"。这是朱熹借写五曲胜景作自我描画、抒怀。五曲是九曲的中心，隐屏峰峻立溪北，峰峦挺拔，当年朱熹就在此建武夷精舍，聚徒讲学。第九曲溪写"九曲将穷眼豁然，桑麻雨露见平川。渔郎更觅桃源路，除是人间别有天。"平川是地名，指九曲尽头星村一带。这一带一马平川，桑麻蔽野，又有良田美池，屋舍俨然，鸡犬之声相闻，全然桃源景象，正如朱熹棹歌所咏：舍此而欲更觅桃源路，那除非人间之外别有天地了。

刘伯温停留在此山此景中，超脱了官场的黑暗与倾轧，体会到久违的非凡宁静，备感轻松自在，心中不禁泛出隐居山中，追慕先贤，寻觅桃花源的想法。但是他并未止步武夷山，而是逗留一段时日之后，继续归乡。经衢州到兰溪，恰逢重阳节，看到当地百姓丰收喜悦之景，刘伯温顿时诗意大发，写下《自衢州至兰溪》一诗：

秋郊敛微雨，霁色澄人心。振策率广路，逍遥散烦襟。

疏烟带平原，薄云去高岑。湛湛水凝碧，离离稻垂金。

荞麦霜始秀，玄蝉寒更吟。幽怀耿虚寂，好景自相寻。

心契清川流，目玩嘉树林。歌传沧浪调，曲继白雪音。

仙山在咫尺，早晚期登临。

此诗表达了刘伯温对田园生活的热爱，很有人间烟火味，在最后两句表达出此行的目的是寻仙。诗中的仙山是浙江省桐庐县严子陵隐居的富春山。严光（前39—41），又名遵，字子陵。汉族，会稽余姚（今浙江省余姚市）人，东汉著名隐士。严子陵年少就有高名，与东汉光武帝刘秀是同学，也是好友，相传他俩可以同睡一张床。刘秀即位后，多次延聘严子陵，但纵然这么深的感情严子陵还是拒绝了刘秀。他是个有气节的人，在他眼里荣华富贵甚至比不上一粒渺小的尘埃。他没必要为了一颗尘埃而放弃自己的气节。他隐姓埋名，退居富春山。后卒于家，享年八十岁，葬于会稽余姚的客星山（陈山）。严子陵这种不慕富贵，不图名利的思想品格，一直受到后世的称誉。范仲淹撰《严先生祠堂记》，有"云山苍苍，江水泱泱。先生之风，山高水长"赞语，使严子陵以高风亮节闻名天下。刘伯温去膜拜严子陵很明显地表露了他的心迹。经过几年的官场生涯，他累了，倦了，也厌恶了。当发现这个世界他无力改变时，就想遵从自己的内心。

关于这次寻仙之旅明确了自己的隐居之所，在刘伯温的《九日舟行至桐庐》一诗中，他这样写道：

杪秋天气佳，九日更可喜。众人竞登山，而我独泛水。江明野色来，风淡汲鳞起。苍翠观远峰，沉寥度清泚。沙禽泛悠飔，岸行摇萝靡。溯湍怀谢公，临濑思严子。紫萸空俗佩，黄菊漫妖蕊。落帽非我达，虚罍非我耻。扣舷月娟娟，濯足石齿齿。澄心以逍遥，坻流任行址。

这是一首潇洒散淡的山水诗，诗中"众人竞登山，而我独泛

水"含蓄地写出了刘伯温仕途的不得志，只好浪迹江湖；"溯湍
怀谢公，临濑思严子"表达了他对两位富春山前贤——谢翱和严
子陵的崇敬之情，"落帽非我达，虚罍非我耻"道出了他耻于混
迹元朝贵族黑暗的官场，抒发了丢官去职的无奈和旷达。

此诗所传递的信息非常明确，刘伯温远避世人，乘舟问仙，
水波荡漾，他欣赏着优美的水光山色，竹林婆娑，发出了"澄心
以逍遥"的说辞，似乎要仿效严子陵打算归隐了，而这个归隐之
地就在桐江之畔。

在桐庐县城馆驿里，刘伯温暂时住了下来。看着流动的江
水，他若有所思，又写了一首《夜泊桐江驿》的诗：

伯夷清节太公功，出处非邪岂必同？
不是云台兴帝业，桐江无用一丝风。

诗中，刘伯温以伯夷、叔齐宁可饿死也不食周粟，姜太公
八十岁出山辅佐周文王成就功业的典故，说明隐居和出仕都是因
时而异。若无光武帝刘秀的赏识，严子陵的高节也不过是桐江无
用的一丝清风而已。此诗表达了刘伯温的功业观虽然一时仕途失
意但他还是不愿彻底放弃儒家的积极入世观的理想和追求。他在
等待一个复出的时机，在等待一个赏识他的人物，然而此时他只

能选择归隐桐江之畔。

五、隐居桐庐

刘伯温终于来到了他心仪已久的严子陵钓台，对照他的文集以及相关史料，他此次自赣回浙，连老家也不回，就水陆兼程来此瞻仰先贤遗迹了，完成了他的寻仙之旅，然后在此开始了隐居生活。根据若干史料分析，刘伯温当时隐居在杭州桐庐县凤川镇翙岗村的凤冈。刘伯温在《赠桐江临溪西庄华氏宗谱序》开篇说："予为中原不靖，遨游海内，寄迹于桐江翙凤冈李氏之家。"这句话透露出非常重要的两点信息：一是元朝政权不稳，社会矛盾日益加剧，二是他寓居在翙岗一户李姓人家之中。

刘伯温为什么选择翙岗隐居？据清光绪十七年（1891）时的凤冈李氏宗谱记载，刘伯温是受到了当时翙岗颇具影响力的李氏家族隐逸群体的邀请，他与其中的李骧、李文、李康私交甚密，同时翙岗幽静的环境和良好居住条件也非常符合他的隐居要求，所以他寄居于此。

翙岗村，也作晦冈，源起东汉，地形如待飞之凤，刘伯温改其名为"翙岗"，题写"凤翙高岗"匾额，刘伯温把翙岗当作了自己的精神家园，在这里慢慢地修复他受伤的心灵。至今，翙岗还流传着许多刘伯温隐居此地的传说。比如，村子里的谷井相传是由他设计并指导建成的。井身呈不规则矩形，由卵石叠砌，露天敞开。井下有石板铺于近水处，供人站立。一条暗渠的口出现在南面井壁下，地下水汩涌而出。北面井壁下端有一出水口，井水深约两米，长年丰沛清冽。立于井上，水清可见底。因为灌溉便利，被人称为"流谷之井"。足见，刘伯温已经融进了当地的生活中。

《凤冈李氏宗谱·姓氏源流》中记载，翱岗李氏系出陇西门阀。门阀是门第和阀阅的合称，指世代为官的名门望族，翱岗李氏家族隐逸群与李唐李氏连枝，其嫡祖是彪炳史册的抗金英雄南宋丞相李纲。南宋淳熙年间（1174—1189），为了躲避政治迫害，李纲曾孙李瑶议携家族子弟迁居翱岗，几代人下来，遂繁衍成族居村落。由于元朝实行民族分化政策，划分了蒙古人、色目人、汉人和南人四种社会等级。汉族人处于社会最底层，没有任何政治优势和地位，即便出仕做官，也常受到蒙古权贵的压制，刘伯温在高安县丞任上受迫害就是一个缩影。因此许多汉族知识分子纷纷退隐田园山林，不愿为元朝效力。

李骧是翱岗李氏家族隐逸群中的核心人物。他擅长诗文，有《南华百拙集》留世；他辈分高，是李文的族兄，是李康、李恭等名士的伯父；他交友广，与元代文化名流大梁班惟志、钱塘叶祯、桐庐徐舫等人都有深交；他广有名誉而隐居不仕，是隐逸群中的重要一员。李骧和刘伯温成了忘年交，两人经常和诗以歌。李骧次子李翰，善文能诗，博古通今，也和刘伯温交好，还特意请刘伯温教自己的两个孩子，李善和李远。

李文，李骧族弟，元末曾任桐庐县主簿、浙江行省都事等职务。元亡后，隐逸山林，布衣而终。刘伯温在《追悼李君近山》悼亡诗序言中说："桐庐李君近山，儒士旷达者也。与仆为知心友，契阔十余年，风尘洞，音问杳绝。忽其子来京师，始知李君亡矣，悲感成诗，聊以写其情耳！"文中，刘伯温表述出他与李文是知心朋友，为他的离去而深感悲伤。

李康，据《凤冈李氏宗谱》记载，字宁之，号梅月主人，元末翔岗著名隐士。李康工诗文，博及琴弈书画，多次拒绝元朝聘任，雅好清高，居所四周遍植梅花，因题斋号梅月斋。李康是个青史留名的孝子。他13岁那年，母亲病重，李康"割股和膳以进"，治愈了母亲的疾病，古代以割股疗亲为至孝，被乡里所称道。学业上，他从师永康、胡长儒，以古学自鸣。"书画琴弈，冠绝一时"。刘伯温与李康交往频繁，和诗助兴，今存他写给李康的两首诗，可见两人的深厚友情。一首是《题梅月斋宁之先生读书处》，诗曰：

　　乾坤清气不可名，琢琼为户瑶为楹。轩窗晓开东井白，帘栊暮掩西山青。玉堂数枝春有信，银汉万顷秋无垠。夜深步同踏花影，梅清月清人更清。罗浮不独具闲春，广寒不独天上人。人间天上有如此，何时载酒来敲门。

　　在刘伯温诗中，李康的梅月斋如诗如画，在皎洁的月光下，他们饮酒赋诗，把盏咏梅，望着月亮，推测着广寒宫里的嫦娥也应该更加淡泊，他们在此隐居也雅如天人，充满着潇洒脱俗的隐逸之情。另一首《留别李君宁之》，诗曰：

　　　　群山雪消江水宽，主人情重欲别难。
　　　　我今自向玉岛去，短日斜倚着风寒。
　　　　满楼山色几时醉，永夜月明何处看。
　　　　人生有心无远近，频将书札报平安。

　　在某一年的冬季过后，冰雪融化。刘伯温结束隐居生活，离开翔岗时赠别之作，"主人"二字正说明了刘伯温寓居凤冈的李氏之家，自此一别，不知何时才能再看到翔岗的长夜明月，"人生有心无远近，频将书札报平安"。诗中群山雪消，满楼山色，不舍离去，生动地表达了两人的深厚情谊。至元十八年（1358），李康因病去世，刘伯温获悉，亲临其丧，并作诗文祭奠，可见两人感情之深厚。

除了李氏家族隐逸群体外，刘伯温还与桐庐县邑的徐舫交游甚好。徐舫，字方舟，元末桐庐著名隐士诗人。徐舫家境富裕，好讲义气，追求淡泊脱俗，才华横溢，却终生不仕，自号"沧江散人"。关于刘伯温与徐舫的交游，有一则逸事体现了刘徐二人的深厚情谊。

至正二十年（1360）三月，朱元璋聘请时称"浙西四先生"的刘伯温、宋濂、章溢、叶琛出山辅佐。当途经桐庐县城时，刘伯温与徐舫进行了一次欢快的诀别。当时的情景，同行舟中的名士宋濂在《故诗人徐舫墓铭》中记载得十分详细：

忽有美丈夫戴黄冠，服白鹿皮裘，腰绾青丝绳立于江滨，揖刘君而笑，且以语侵之。刘君亟延入舟中，叶、章二君竟来欢谑，各取冠服服之。竟欲载上黟川，丈夫觉之乃上。濂疑之，问于刘君曰："此何人斯？诸公乃爱之深耶？"刘君曰："此睦之桐庐徐舫方舟也！"濂故闻方舟名，亦起而鼓噪为欢，共酌酒而别。

徐舫戴黄冠，服白鹿皮裘，腰绾青丝绳，立于江边，风度翩翩如绝世之人。徐舫一见刘伯温就作揖笑迎，而且以语言相调侃，表明两人关系很亲近。刘伯温想邀徐舫一同出山，于是他们在船上小聚，章溢、叶琛两位名士欢笑着把朱元璋送来的官服衣帽穿戴起来，玩笑中命人悄悄开船，欲把徐舫一起带走，却被他发觉后制止，后众人饮酒作别。徐舫不屑于做官，他淡泊名利，才华横溢，是与刘伯温惺惺相惜的挚友。

在桐庐翙岗，刘伯温除了交友进学以外，还设馆教书。据《桐庐县志》记载："刘基元末流寓桐庐数年。设馆于翙岗华林寺，与李近山、李宁之及徐舫等交游。"他具体教了多少学生，史书没有明确记载。刘伯温还参与农活，养花种菜，饲养家畜。当然除了干活、读书之外的时间，刘伯温还喜欢走家串户，或与村中老工匠交谈，或与蜂农学习技艺，或与园艺师交流养花心得，加上脑袋聪明，他很快都触类旁通，掌握医术、占卜、园艺、钓鱼、养蜂等和农民生活息息相关的技能，俨然一个农业问题专家。几年下来，刘伯温将所学技能编撰成《多能鄙事》，共十二卷，内容相当全面。该书收录《明史·艺文志》当中，清代纪晓岚也将其收录《四库全书》中，并如此评价：是书凡饮食、器用、方药、农圃、牧养、阴阳、占卜之法，无不备载，颇适于用。在闲居故里时期，刘伯温继续研究天文地理，作战兵法，在家制作战术模型，写下《百战奇略》，当时，大规模的战乱已经停息，但是零星的反叛不时发生，刘伯温始终相信自己文官出身，如果再精通兵法，熟知天文，肯定比一般的儒家学子更有前途。

　　至正二年到至正四年（1342—1344），刘伯温隐居桐庐三年之久，民间流传许多故事，有说刘伯温是在桐庐遇上真命天子朱元璋的，常遇春也是刘伯温在桐庐结识的，还说当年刘伯温在桐庐翙岗财主李阿禹家做过账房先生，因为东家小气，失望地离开，等等。这些传说大多经不住推敲，很可能是民间百姓根据自己的好恶编造出来的故事而已。翙岗寄居的三年是刘伯温生命中较为平静的三年，他修身养性，静观天下之变，在平静的山林中他得以抚慰受伤的心灵，逐渐走出阴霾。

　　至正三年（1343）刘伯温回到了南田，看到母亲苍老，妻子贤惠，未见到家人对他辞官的责备之意。他心想如不能报国兼济天下，就顾家回馈妻老。于是，在官场小试牛刀遇到挫折后来他弃官归里，开始了为期三年之久的青灯伴读生活。在这期间，刘伯温游历壮美山河，追慕先贤踪迹（李白，严子陵，谢翱等），去了武夷山很长时间，最后在杭州桐庐县凤川镇翙岗村安顿了下来。

第三章

官海沉浮

一、游历金陵

　　至正四年（1344），刘伯温离开了浙江省桐庐翔岗，游学江东一代。他按照杭州、湖州、嘉兴、姑苏、丹徒一路抵达金陵，在桐庐平静了三年，他不愿偏安一隅了，再次渴望回到朝堂之上。这次游历，他主要的目的是拜谒高官，结交知名学者，给自己出仕寻路。

　　金陵，在中国历史上具有特殊地位和价值。"江南佳丽地，金陵帝王州"。汉献帝建安十三年（208），蜀相诸葛亮为了联吴攻魏，出使东吴，在石头城上纵观天下，赞叹金陵山川形势是"钟阜龙盘，石城虎踞，真乃帝王之宅也"。此后人们便常用"龙盘虎踞"来形容金陵。三国时代，吴自京口迁都于此，更名建业。晋平吴，又改建业为秣陵。此后，金陵又称建康，晋元帝复以此为都，宋、齐、梁、陈因之。作为六朝古都的金陵，自有其非同寻常的地理优势，其东以赤山为城皋，其南以长淮为伊洛，其北以钟山为曲阜，其西以大江为黄河，外连江淮，内控湖海，江南形势莫重于此也。金陵曾多次遭受兵燹之灾，但亦屡屡从瓦砾荒烟中重整繁华。每当中华文明面临灭顶之灾，复兴力量都会选择金陵休养生息，立志北伐，恢复华夏。这里文学昌盛，人物俊彦，山川灵秀，气象宏伟，有冶城、越城、秣陵、建业、建康、江宁、金陵等多个名称，元朝称集庆，但当地人仍惯用金陵旧名。至正五年（1345）秋天，刘伯温来到了金陵，毫无疑问金陵给刘伯温留下了深刻的印象。他诗兴大发，登上钟山，一连写了十二首诗。其《钟山作十二首》云：

玄武湖中草自秋，石头城下水长流。

繁华过眼成今古，更与牛羊竞一丘。

金陵秋景，本是美中之美，自然景色如此秀丽，可是刘伯温笔锋一转，即便是眼前丹叶红枫，马上秋收，但是一想到历时六朝的遗迹，就失去了原有的亮丽色彩。在他的眼里，眼前的美景都是没有色调的，昔日之繁华，已成过眼云烟；如今之金陵古都，则是花残叶落，了无生机。金陵的历史沉浮无疑让他想起了自己的官场往事，唤醒了他要为百姓谋福的政治理想。之后，刘伯温带着批判和嘲讽的心态游览了半山寺。半山寺是北宋著名政治家、文学家王安石的故宅所在之处，在熙宁九年（1076）王安石被第二次罢相后，一直隐居在此。对这位青史留名、官职到丞相的文坛前辈，刘伯温亦作绝句《半山寺二首》来点评：

王家废寺旧闻名，荆棘花开鸟自鸣。

深夜狐狸穿破冢，佛灯争似鬼灯明。

奸邪变法事多端，气焰兴妖胆自寒。

漫道谄谀堪媚佛，竟将佛作么人看。

这首诗写了王安石故宅的荒凉、颓败，深夜狐狸在院落里穿行，佛灯豆火似鬼灯，一片邪魅之景。曾经大权在握的王安石千古一相何等风光，死后的葬礼却是门前冷落。几百年后，其故居也是分外荒凉，少人问津。这不得不让人感慨人情冷暖。诗中称王安石变法为"奸邪变法"。客观地讲，王安石变法还是有可取之处的，如果能成功，国力肯定会大大增强，百姓也会有收获，这场变法最终因为触犯了大地主阶级的利益而失败了。在刘伯温的眼里，他不屑于与那些"漫道谄谀堪媚佛，竟将佛作么人看"的古人为伍，而且极尽诋毁，反映出此时的刘伯温是一个非常固守原则、不太会灵活变通的人。

在金陵期间，刘伯温感事伤怀，诗歌创作数量颇多，有《绝句九首》《绝句漫兴十一首》《无题三首》《渔父词五首》《蝶恋花》《忆秦娥》等大量作品。作品的主题大多是感叹有满腹经纶、胸怀大志、不甘平庸的人，最后都如落入秦淮河里的沙土，在与命运的无谓抗争中，什么痕迹都没有留下。时间是公平的，它对任何人都一样，岁月是无情的，过去了就无法重来。刘伯温在此警醒自己，珍惜韶华，不给自己的人生留遗憾，那么当务之急，就是立即行动起来。

二、北上大都

至正六年（1346），在江东游历了两年多的刘伯温，毅然决定北上大都寻找入仕机会。回想十四年前，他意气风发，去大都赶考，一举成名，而如今踌躇满志，蹉跎岁月，沿途的所见所闻，更是让他无比惆怅。他希望这次再上大都，能遇到人生的转折点。

就在刘伯温隐居治学期间，中华大地多灾多难，特别是至正四年（1344）的南旱北涝，更是深刻影响了中国历史，并且埋下了摧毁大元王朝的祸根。从正月开始，黄河沿岸多处大堤决口，各地官民疲于奔命；四月，淮河流域发生严重旱灾，继续伴随大面积的瘟疫。天灾之后是大饥荒，大饥荒又引发了层出不穷的民众骚乱。从江淮平原到华北丘陵，本来应当种满庄稼的良田大面积荒废，曾经热闹一时的集市关门闭户，到处都有草草埋葬的乱葬坟岗，易子相食的父母，相拥而亡的夫妻，更有走投无路、揭竿而起的青壮年。面对突如其来的大灾荒，蒙古统治者态度很真诚，行为很克制，一如既往地缺乏应对经验，难以尽快控制不断恶化的局势。

刘伯温沿着京杭大运河北上，途经扬州、济州、汶上、寿张、东昌、景州等地，这是一条水运粮道，全程都有元兵守卫，本来可以避开乱民四起的灾荒之地，但面对百姓的苦难，他做不到无动于衷，为了记录下运河两岸民众的苦难，他愤然写下长诗《北上感怀》，也更坚定了他要为国效命的决心：

逾淮入大河，凄凉更难视。

黄沙渺茫茫，白骨积荒蘦。

哀哉耕食场，尽作狐兔垒。

太平戢干戈，景物未应尔。

意者斯人徒，纵欲扰天纪。

鬼神赫震怒，咎戾良有以。

去年人食人，不识弟与姊。

至今盗贼辈，啸聚如蜂蚁。

长戈耀白雪，健马突封豕。

岂惟横山泽，已敢剿城市。

途行绝稀少，空车但墙倚。

身行须结集，一寏四五起。

　　船到济州，刘伯温特意下船，参观了纪念李白的太白楼，中国有多处太白楼，而以济州的影响最大。刘伯温感慨李白无论顺境还是逆境，都有一个好友贺知章坚定地支持他，而自己孤身北上，前途未卜，昔日的师友，能否感念旧知，帮助他重返官场，他不太确定，写下了《济州太白楼》：

> 小迳迁行客，危楼舍酒星。
>
> 河分洸水碧，天倚嶧山青。
>
> 昭代空文藻，斯人竟断萍。
>
> 登临无贺老，谁与共忘形？

　　临近大都，刘伯温的心情稍稍平复，他在积水潭下船之后，立即准备开始联络师友。尽管刘伯温以前特别瞧不起"干谒"之道，但他经过激烈的思想斗争，将近不惑之年的刘伯温还是决定拜谒师友。当他提着礼物，带着名帖来到敦厚善良又能奖掖后进的长者揭奚斯府上求见时，家人却告诉他，老先生已经于两年前去世了。这让刘伯温很失落，不意间来到了白塔寺。在这里，刘基写下了一首《白塔寺》：

物换星移事已迷，从来此地惑东西。

可怜如镜中天月，独照城乌夜夜啼。

刘伯温借物抒情，写诗发泄心中的郁闷。同时，他重新审视自己的朋友关系后，发现当年参加会试的同年，有不少留在了大都。其中一些，特别是中榜的蒙古人和色目人进士，已经取得了相当不错的职位。所以，刘伯温开始拜谒这些朋友，当他们听完刘伯温这十多年的经历时，都纷纷表示愿意尽一份绵力。而最终出面助力的是热心的普达世理原理。关于这个人，史料不多，据记载他是蒙古人，跟刘伯温的关系是"同年进士"。刘伯温对他分外感激，在《自都回至通州寄普达世理原理》二首中写道："念我同年友，高谊薄九霄。恨我处遐远，不得陪晨朝。"与此同时，在此番游历中，刘伯温通过好友徐舫认识了当时的江浙行省参知政事苏天爵。就这样，现在的刘伯温不管在中央还是江浙都是"上头有人"的人了。

此次海上航行、济州访友、直抵大都，刘伯温一路拜谒的朋友众多，和隐居江东的友人不同，这些人不是偏安一隅，而是积极投身于现实当中，为百姓立命。刘伯温深受鼓舞，观念发生了变化，此次北行大有收获。在宴请了几位朋友之后，刘伯温登上了回乡的客船，相比来大都时的不知所措，此刻他心中无比温

暖。那么，此次干谒是否起到了作用，他的命运会不会有转折点
呢？

三、初为人父

刘伯温游历完大都，向朋友们都表明心迹之后，就回到青田
老家，等待机遇复出。至正八年（1348），对刘伯温来说是幸运
的一年，他终于等到人生的转折。鉴于他的名气，他被江浙行省
委任为江浙儒学副提举。引荐人是江浙行省参政苏天爵，他和揭
奚斯一样，都是喜欢招募人才的清官。在刘伯温之前，苏天爵招
募了瑞安人高明，就是作《琵琶记》的元末戏曲家，后来高明和
刘伯温也成了好朋友。

刘伯温来杭州任副提举不久，又有一件好事来临。有一次，
他在陈姓朋友家中做客，其间一位相貌出众的陈氏姑娘做招待，
与儒雅的刘伯温互生爱慕，虽然两人相差十几岁，但还是交谈甚
欢。而刘伯温的妻子富氏，成婚以来一直未孕，"不孝有三，无
后为大"，连结发妻子也催着他再娶一房夫人。于是，刘伯温娶
陈氏为二夫人，两人新婚伉俪，佳话不断。陈氏就是很多传说中
所言的九天玄女，然而她并没有被风吹走，留下天书。她给刘伯
温生了一个儿子，取名刘琏。刘琏是刘伯温长子，这一年刘伯温

三十八岁。

同是三十八岁，诸葛亮是蜀汉的军师中郎将，于谦是大明的兵部右侍郎。而刘伯温，起点相当高，进步非常慢。同年十月，刘伯温的朋友钱士能升为建昌知州，他写了《送钱士能至建昌知州序言》，其中有这样的感慨：夫士能与予同为职官充簿书役，又同以事辞，其出处甚类，而九年之间相去越五等，何其绝耶！九年前，两人官阶相同，九年之后，居然相差了五个等级，钱士能已经是正五品了，刘伯温还是个从七品，一步跟不上，步步跟不上。而且刘伯温也很清楚，随着年龄增老，机遇也随之减少，也许这辈子仕途就如此了。

刘伯温想把家人都接到杭州生活，让结发妻子接受第二夫人陈氏。但母亲年事已高，不愿同往。于是，富氏前来。让刘伯温最喜悦的是，富氏与陈氏一见如故，很快就以姐妹相称，相处得很好，他终于可以放心了。

两年之后，刘伯温又喜得次子刘璟，还是陈氏所生。两个孩子的出生，给刘伯温带来了很多欢乐，使他暂时忘记了黑暗的官场。富氏也很喜欢两个孩子，经常抱着他们玩耍。家庭和睦，妻子贤惠，两个儿子聪颖，给刘伯温带来了极大的慰藉，甚至可以弥补仕途不顺的遗憾。

四、二次辞官

至正八年（1348），刘伯温就任江浙儒学副提举，这是一个教育方面的官职，相对于其他职权部门，关系相对简单，还不耽误做学问。这次，他有开明的上司苏天爵，有友好的同僚，虽然官位卑微，仅从七品，但是他复出的心情不错，认为只要自己工作出成效，获得上司的认可，就能得到升迁的机会。他在这个岗位上一干就是三年，政绩卓著，培养了大量的优秀人才。对于教育，他有自己的思考，而且有一系列关于人才的培养、选拔、任用考核、升迁的精辟论述，后被详细记录在《郁离子》和《拟连珠》六十八首当中。他认为未来当国者，要实行"王政"，关键在于吏治和人才，而人才培养的主要途径在于振兴教育。"夫教，政之本也；知本，斯知教矣"。这些对于教育的认识大概就是做儒学副提举积累下来的，他认为地方学校的功能除了为国家培养高素质人才之外，还需要承担"教民明人伦"的重要职责，以提高百姓的道德水准。刘伯温在任期间，振兴教育，兴办学校，每当地方上出现兴办学校之义举，他总是给予鼓励和表彰。同时，他深知学子的辛苦，经常鼓励后进学子，这个时期有很多序跋都是为名不见经传的晚生后学而作，奖掖后进的长者风范被众青年学子所推崇。其中，刘伯温认为两位学子最有潜力，并给予辛勤指导，一是郑士亨，另一是熊文彦，两人后来都成为赫赫有名的大学者。

江浙行省参政苏天爵很认可刘伯温的表现，对他满眼尽是褒奖。同时，刘伯温也特别佩服苏天爵不避强御、明察秋毫、秉公断狱的大无畏精神。因此，苏天爵就成了刘伯温一生最为敬重的上司之一。可惜的是苏天爵的优秀品格也成为他自身升迁的障碍，他得罪了许多权贵，在官场进退失据，连带着他的门生故吏都受到牵连，这也包括刘伯温在内。

由于这三年工作，刘伯温得心应手，游刃有余，所以闲暇之余，他参与社会各界交往活动比较频繁，结交了许多人。在他的朋友当中，以诗僧文友居多，也不乏社会各界人士，三教九流，无所不包。他在《刘显仁墓志铭》中说："至正八年，予初寓临安，交友未尽识也。"

此时，元末农民起义的烽火已经燃起，元朝已近颠覆。刘伯温所在的浙江，台州方国珍已聚众数千，起兵海上，从朝廷到地方的贪官污吏则趁机中饱私囊，他对此愤愤不平。至正九年（1349），他上奏弹劾监察御史工作失职，奏章被行省御史扣住，行省御史不追求监察御史责任，反而怒斥刘伯温，最后此事不了了之。按道理监察御史的渎职与刘伯温的儒学副提举没有直接的关系，但是刘伯温的耿直，让他的眼里容不得沙子。刘伯温一气之下，再次辞官。

辞官之后，刘伯温一家没有离开杭州，这是一座让你来了就不想走的城市。尽管本朝都城在大都，杭州已降格为江浙行省省府，但她依然拥有超过一百万的人口，是繁华的城市。这里历史人物众多，可以去走走白居易与苏东坡修筑的长堤，再去看看香客攒动的灵隐寺，或和住持大师共饮一壶龙井。现在一家人，夫人和孩子都在，动辄回青田老家也着实不方便。接下来的时间，他投身于治学当中，读书作诗写文，两位夫人照顾他日常的生活起居，两个孩子使他享受天伦之乐。所以这次辞官，刘伯温还是很快走出阴霾的。虽然他离开了官场，但是他结识了许多新朋友，和方外之士竹川上人、照玄上人等时有来往，和刘显仁、郑士亨、熊文彦、月忽难等文人诗文唱和，可以说在杭州的知名度不降反升。他依然相信自己是匹千里马，而伯乐一定还会出现。

此时，刘伯温创作《卖柑者言》一文，用"烨然玉质而金色"却"视其中，则干若败絮"的柑橘，来形容元朝官吏华而不实，外表庄严而内心肮脏，"金玉其外，败絮其中"。不过此时刘伯温嘲讽的仅仅是贪官污吏，还没有直击元朝整个统治体系，他对朝廷还是抱有幻想的。

第四章 / 屢立奇功

一、红巾四起

至正十一年（1351），也就是刘伯温辞官的第二年，一件大事发生了。白莲教首领韩山童及其教友刘福通组织的红巾军在安徽颍州起事，这不是一次简单的起义，参与起义的人数多达十七万，这是一次经过精心策划的起义。

这一年因为黄河泛滥，河南开封一带的黄河再次溃堤，洪水四溢，所到之处一片狼藉，民众损失惨重。开封知府观音奴向朝廷报告了灾情，并再次请求朝廷派人治理黄河。元朝廷经过慎重考虑，决定花大力气，将至正四年以来改道的黄河重新勒入故道，以绝后患。中书省右丞相脱脱便派工部尚书成遵前去黄河水患之地勘察、调研。当自然灾害频发，难民成群时，脱脱以为征集大量流民去治理黄河灾害是一件双赢之事，既能安抚民心，又可以治理水灾，但脱脱明显没有预料到社会的矛盾已经无法调和，大量灾民流民反而形成了一股可怕的力量。

成遵认真走访，勘察黄河故道。回来后，成遵却极力反对脱脱之建议，理由有二：一是黄河归入旧河道工程巨大，短时间不可能完成；二是当前时局混乱，盗贼如蚁，如果盗贼"与挑河人相挺而杂起，此大乱之机，非细事也"。但是脱脱立功心切，他要将黄河归入旧道作为工作重点来抓，显然成遵不会执行。于是，脱脱就利用权力重新指派他的亲信贾鲁为工部尚书兼河防使，命他按照自己的想法统筹治理黄河。

贾鲁上任后，全力筹集资金和调集各地民工。到至正十一年（1351）三月，元政府从各地招募了十五万民工前往黄河故道集结准备开工，为了防止民工与盗匪勾结作乱，脱脱还抽调了一支两万人的军队监管民工，若有异常，随时出动。脱脱觉得这样可以放心了，但是他没有意料到同属底层的十五万壮劳力整合在一起非常危险，它为等待起义的人提供了强大的人力资源。虽然元政府一贯严禁群众集会，但是这一禁令因为脱脱的私心被打破了，成遵等人的担心一步步演变成了现实。

韩山童，出生于赵州栾城（今河北栾城）一个信仰白莲教的家庭，成年后一边务农，一边传播白莲教，宣传"弥勒降生""明王出世"，他主张推翻元朝统治，并因此结识了安徽阜阳人刘福通。韩山童设计把独眼石人埋在黄河故道的工地的淤泥中，并让周围人传话——"石人一只眼，挑动黄河天下反"，一传十，十传百，在民工里反复被议论，他们会故意找一些"明白人"解释天下将要大乱，弥勒佛已经降生了，弄得人心惶惶。

趁这时，韩山童自称是宋徽宗八世孙，要恢复大宋江山，招募人员。因为他们打红旗，头扎红巾，被称作"红巾军"，又因焚香聚众，也被称作"香军"。因为队伍有人告密，当地知县包围了韩山童所在的村落，韩山童随即被抓获并被杀害，其儿子韩林儿逃往武安。但是，起义并未因首领的死亡而停滞。一场农民起义更加声势浩大地展开，刘福通率红巾军进军河南，并招揽了数万黄河民工加入起义军，大军接连占朱皋、罗山、真阳、确山、舞阳、叶县等地，横断豫南，队伍很快扩充至二十万人，形成一股不可阻挡的兵力。

至正十一年（1351）八月，邳县人李二，曾以家中芝麻接济饥民，人称"芝麻李"，受红巾军的影响，联络赵君用、彭大等一行夜攻徐州城。城中人抢夺守门元兵的武器，城外人趁虚而入，并呼喊城内乞丐等闲人一起加入，砍杀官兵。官兵溃不成军，连夜护送城内官吏从其他城门逃走。李二进城后开始招募人员，因为徐州属于修治黄河地区，大量的底层壮劳力纷纷响应，应募者多达十余万，他们头戴红巾，与刘福通军遥相呼应，发展势头很迅猛，很快就占据了徐州附近各县。

蕲州罗田县人徐寿辉，卖布出身，身材魁伟，相貌非凡，为人正直，见义勇为，在百姓中享有很高威望。至正十一年（1351）五月，北方白莲教会的韩山童、刘福通等人在大别山北面发动几万黄河民工起义，直打到大别山脚下的光山县。八月，对元朝统治早就不满的徐寿辉见时机已到，便与麻城铁匠邹普胜、江西宜春县和尚彭莹玉等人到一起，在鄂东一带宣传"天下大乱，弥勒佛就要降生"的思想，于大别山主峰所在地的天堂寨中发动起义，徐寿辉被拥戴为首领，起义军头裹红巾，也称红巾军。十月，攻占蕲水，他被拥立为帝，国号"天完"，寓意压制大元，定年号为"治平"，设置统军元帅府、中书省、枢密院以及中央六部（吏、户、礼、兵、刑、工）等军政机构，任命邹普胜为太师，倪文俊为领军元帅，陈友谅为元帅簿书椽，铸有铜印，发行钱币。徐寿辉还在蕲水县城附近的清泉师太殿上称皇帝即位。徐寿辉所部以"摧富益贫"等口号发动群众，且纪律严明，不淫不杀，每攻克一地，只把归附的人登名于户籍，余无所扰，因而深得人心，队伍迅速扩展到百万人，纵横驰骋于长江南北，控制了湖北、湖南、江南、浙江以及福建等广大地区。当时有首民谣说："满城都是火，官府到处躲；城里无一人，红军府上坐。"

至正十三年（1353），元统治者调集几省军队，对红巾军根据地进行围剿，天完政权的重要领导人彭莹玉战死，国都蕲水县城也被攻破，"莲台省"将士四百余人壮烈牺牲。徐寿辉率领部队先后退到黄梅县挪步园一带和沔阳县的滨湖地区坚持战斗，同时对军队也进行整顿。

至正十四年（1354），元军慑于刘福通、张士诚等农民起义军势力壮大，抽调长江中游兵力前往镇压。"天完"兵势复振，于次年再次攻取湖广、江西的许多地区。

至正十六年（1356）正月，红巾军大举反攻，重新压取江西、湖南，控制了四川盆地和陕西的一部分地区，并于汉阳县城重新建都，改年号为太平。随后，徐寿辉又派人到罗田故里多云山中建田元殿，筑紫云台，还在山之最高处立一"无敌碑"，以夸示其功绩。此时，徐寿辉本人受丞相倪文俊操纵，虚有帝名。至正十七年（1357）九月，倪文俊企图杀徐寿辉降元，其阴谋败露后，自汉阳逃往黄州，被陈友谅所捕杀。陈友谅因功升任平章政事，并吞并了倪文俊的旧部，"天完"实权转归陈友谅掌握。

至正十八年（1358）夏，陈友谅攻克龙兴（今江西南昌），徐寿辉欲迁都龙兴，陈友谅不从，遂止。至正十八年（1359）十二月，徐寿辉从汉阳出发，仍欲迁都龙兴，至江州（今江西九江），陈友谅伏兵城外，尽杀其左右部属。随即以江州为都，挟奉徐寿辉居于此地，而陈友谅则自称汉王，设置王府官属。次年四月，陈友谅挟持徐寿辉自枞阳攻克池州，随后张德胜的援军收复了池州。五月，进攻太平。但太平城坚不可拔，于是陈友谅军便利用大型船只靠近西南城墙，士兵们顺着船尾爬过矮墙进入城内，攻克太平城，杀守将花云。此后，陈友谅便愈加骄狂。

至正二十年（1360），陈友谅部进驻采石矶后，他派遣部将假装到徐寿辉面前陈述事情，趁机安排壮士用铁器击碎徐寿辉的脑袋。徐寿辉一死，陈友谅便以采石五通庙为行殿，即皇帝位，国号汉，改元大义，太师邹普胜以下都是以前的旧官。陈友谅即位之日正巧遇上大风大雨，群臣们排列在沙岸上向他道贺，没能按礼仪行事。

徐寿辉在中国历史上，曾是一位拥兵百余万，纵横驰骋大江南北，震撼大半个中国，最终导致元朝的封建统治土崩瓦解的农民起义军领袖。徐寿辉创建天完政权，尽管前后只有短短十年时间，但对后来朱元璋推翻元朝统治，建立大明朝，推动历史向前发展，起到了不可估量的作用。

二、护卫台州

刘伯温在杭州闲居，随时关注着时局，他在自己描绘的军事地图上摆兵对阵。几番下来，他发现大规模的反元势力正迅速酝酿并发展力量，还在不断成长壮大，一场大规模的反元斗争在所难免，元朝已经处于重重危机的至暗时刻。刘伯温每天都在关注这些战乱情况，心里十分忧虑。

至正十二年（1352），徐寿辉攻陷杭州，在攻陷之前，刘伯温便带着家人回到了青田。就在全国红巾军四起之际，屡屡打败元军的方国珍占据东南沿海，元朝的处境更加危险。危机时刻朝廷急需人才，在刘伯温的同年进士蒙古人普达世理原理的极力推荐下，朝廷来公文，再次起用刘伯温为浙东元帅府都事。接到任命，刘伯温立即前往庆元（今浙江宁波）协助大将纳琳哈喇修筑城墙和防御工事。浙江北部的形势稳住之后，1352年4月，浙东元帅府又下令让刘伯温去台州围剿起义军。

刘伯温在台州发动地主招募乡兵，一举攻下龙泉，把起义军赶出了浙南一带。浙江一带红巾军的势头终于受到了一定程度的遏制。刘伯温打算乘机一举消灭浙江本土最有实力的义军势力——方国珍。

方国珍1319年出生，台州黄岩人，此人脸黑体白，人高马大，很有力气，且善于长跑，力赛奔马，明史记载："长身黑面体白如瓠力逐奔马世以贩盐浮海为业。"靠山吃山，靠水吃水，方国珍家族，从他爷爷开始就以贩私盐谋生，家庭也算富裕。当年方国珍的老乡蔡乱头聚集了一帮人在海上做杀人越货的海盗买卖，影响恶劣。元朝廷派中书参知政事朵儿只班组织地方各郡县政府军讨伐蔡乱头，地方官员不敢懈怠，使出浑身解数，武装攻打海盗，最后居然久攻不下。为了向中书参知政事交差，地方官员决定去乡村抓一些相关人等当成海盗汇报此事。恰巧方国珍的一个仇家知道了这个情况，就去官府诬告方国珍私通海盗。地方官员果然断定方国珍是海盗的同党，火速向方国珍家里赶去。

方国珍也得到了有官兵要抓他的消息，一怒之下就把诬告他的仇家给杀了。方国珍自知不能继续在家乡生活了，和方国璋、方国瑛、方国珉兄弟四人入海为寇，短短几个月就聚众数千人，拼凑了百余只船，开始了海盗生涯。这一年是至正八年（1348）。于是，行省参政朵儿只班亲自率领舟师3万人讨伐方国珍。朵儿只班先是围而不剿，期望把方国珍困死在大海里，可方国珍走私几十年，有的是办法，朵儿只班此计不成功，便主动进攻。方国珍将计就计，诱惑朵儿只班深入，很巧妙地把元军吸引到了福州五虎门。方国珍发动突然袭击，采用火攻，冲入元军阵中，因元军多是北方骑兵出身，不习水战，在勇猛的方国珍起义军面前，溃不成军，一泻千里，朵儿只班本人也被活捉，成了俘虏。

朵儿只班作战不行，但是有游说的本领。他积极游说方国珍归顺朝廷，获得了成功。方国珍招安后，做起了定海县尉，但是没有交出战船，还是停靠在海边，由他自己的队伍看守，以备不时之需。至正十年（1350），方国珍享受着元朝高官厚禄的时候，韩山童在颍州发动了红巾军起义，元顺帝为了镇压红巾军，派军队蜂拥南下，方国珍惊惧不已，认为元朝会连带自己一起收拾，于是率领部下再一次反叛。他卷了大量钱粮，率领自己的武装力量逃窜到海岛之上。

至正十年（1350）五月，方国珍又南下福建宁州海面，劫持元朝廷的运输船只，随后方国珍又率领起义军进攻太平县。同年，方国珍攻克黄岩建立了根据地。元朝廷随之部署兵力，再次围剿方国珍。此次围剿元军兵分两路，一路是江浙行省左丞相孛罗帖木儿率领，担任总指挥。另一路由元帅泰不华率领，两路形成钳形，夹击方国珍的起义军，夺回黄岩。可是方国珍早派间谍摸清楚了元军的路线，孛罗帖木儿的大军还没来得及展开，就被方国珍突然袭击了，孛罗帖木儿做了俘虏。方国珍故伎重演，诉说自己为海寇的各种苦难，再次请降。元朝廷再次接受方国珍，官职比上次大一点。至正十二年（1352）三月，刘福通的红巾军南下占领多个战略要地，逼近江浙地区，元朝廷紧急命令江浙招募舟师，北守大江堵截刘福通红巾军，方国珍名义上是元朝官员，担心自己的部队会被征调，从而被元廷控制甚至消灭。所以方国珍带着他的人马又跑到海上，三度造反。

方国珍率领手下偷袭了元朝廷的运粮船只，粮食刚到平江，本是要发往大都的。方国珍"烧舟粮无数"，元廷震怒，派台州达路鲁花泰不华率兵再次围剿，泰不华进士出身，他一方面发兵黄岩，一方面派王大用带自己手谕招安，两手准备。方国珍一面扣留了王大用，调兵部署，一面派陈仲达为使，进行第三次投降。两军相遇，泰不华斩了使者陈仲达，激战三昼夜，泰不华被方国珍部下杀害。六月方国珍占领黄岩城。八月，方国珍再次进攻台州因寡不敌众，没有攻克，元朝廷也感觉对付方国珍力不从心，以五品官位招安方国珍。方国珍不肯受降，"据海道，阻绝粮运"。

江浙行省左丞相孛罗帖木儿审时度势，认为剿灭海寇不仅需要武将，还必须动用谋士，随择"知海滨事"者入浙东元帅府参与戎事。此时，江浙行省参知政事苏天爵被恶意中伤，前途不保，其门生也生存艰难。高明随弃文从戎，做了一位军事谋士，加入了讨伐方国珍的行列，无疑给刘伯温一定的影响。1352 年，刘伯温被朝廷重新起用为浙东元帅府都事后，便立刻进入战时状态，首次展现军事战略才能。

为了防备方国珍的袭击，刘伯温建议浙东各府，特别是沿海的台州、温州两地，要加强防守。首先，城墙要在原来的基础上加高、加厚，其次要增加箭垛和炮口，便于攻敌和防守。对于台州，刘伯温全方位运用自己的智慧，精心设计出施工图纸。经过整治，台州城门周长达十二里，共有七个门，宏伟气派，相当牢固。

至正十二年（1352）七月，东路红巾军首领徐寿辉将领项普略引兵攻占了杭州，大肆抢掠金银钱财后撤离。刘伯温四个月前刚离开杭州，他并不庆幸自己的安全，却为困在城中的朋友担心。也对无辜百姓遭遇的不幸极为同情，对守城官军的无能表示了强烈愤慨。他希望自己能够振作精神在可能到来的战役中大显身手。他愤然提笔写下了《悲杭城》的长诗，对朝廷军队的无能进行了坦率抨击，对杭州百姓的遭遇则深深同情，同时也是在警醒自己，不能让类似的悲剧一再重演。

> 观音渡口天狗落，北关门外尘沙恶。
>
> 健儿披发走如风，女哭男啼撼城郭。
>
> 忆昔江南十五州，钱塘富庶称第一。
>
> 高门画戟拥雄藩，艳舞清歌乐终日。
>
> 割膻进酒皆俊郎，呵叱闲人气骄逸。
>
> 一朝奔迸各西东，玉斝金杯散蓬荜。
>
> 清都太微天听高，虎略龙韬缄石室。
>
> 长夜风吹血腥入，吴山浙河惨萧瑟。
>
> 城上阵云凝不飞，独客无声泪交溢。

刘伯温预料到战火马上要到了，他加强防备，并亲自前往温州，联系横舟和尚等民间高手共赴国难。离开之前，刘伯温给浙东元帅纳琳哈喇留下了一封信，元帅借此计策制服方国珍，夸赞刘伯温计出有方。方国珍在台州诱杀达鲁花赤泰不华之后，带着部下逃到海上。元顺帝当时一门心思要剿灭红巾军，便派人继续招降方国珍，承诺封赏方国珍为"徽州路治中"。方国珍不同意，率兵攻下了太仓。元顺帝没有办法，只得任由方国珍逍遥快活。朝廷开始改变主张，由招安变为剿灭。刘伯温屡出良策，稳扎稳打，方国珍几番交战，都损失惨重，他又想被招安了。刘伯温认为，方国珍这样的人不可信，曾建议元朝不要招降方国珍，要彻底将他剿灭。《明史》记载：有司惮于用兵，一意招抚。惟都事刘基以国珍首逆，数降数叛，不可赦，朝议不听。

至正十三年（1353），江浙行省左丞相帖里帖木儿接到朝廷旨意，要彻底解决方国珍问题，他邀请刘伯温辅助。刘伯温向帖里帖木儿建议，对方国珍一伙可以采用区别对待的原则，攻心为上，赦免普通将领和广大士兵，对方氏五兄弟可宴请围剿。刘伯温派人联系福建路，浙江福建两地元兵夹击方国珍，这才让方国珍无法对台州城下手。刘伯温知道方国珍迟早还会打过来。他的军事工作做得非常细致。除了做好城市的防御工事，他还到地方组织地主武装，以便战时协同元军作战。刘伯温去平阳找到地主周宗道组织民兵，又听说永嘉有个隐居的和尚叫横舟和尚，这个和尚是个武林高手。就请横舟和尚到台州三学寺当住持，训练僧兵拖住方国珍。总之，刘伯温为了抵抗方国珍可谓呕心沥血。

刘伯温的战略布局，让方国珍觉得很难受。方国珍被死死地按在台州沿海无法动弹，别说攻城略地，部下吃饭一时都成了问题。所以，方国珍又想到了招安，前提是他要做更大的官。凭借多年反元经验，方国珍已经深谙政治资本的投机之道。起义以来，他屡战屡败，屡败屡降，屡降屡叛，但每一次这么折腾下来，他的官反而越做越大，朝廷的奖赏也越来越丰厚。他利用了元朝廷多一事不如少一事、息事宁人的懒汉心态。

刘伯温了解方国珍的心态，提出对方国珍势力要彻底清剿，招安的应该是那些胁从者，对于方国珍本人及其兄弟必须杀掉。帖里帖木儿支持他的意见，上书建议朝廷定夺。听到这个消息后，方国珍慌了，马上派人带上钱财找刘伯温走后门。刘伯温断然拒绝，而且加速向元朝廷提出详细的清剿战略。

不过，刘伯温完全低估了方国珍疏通的能力，从朝廷到地方的各级大小官员都曾受到过方国珍的恩惠。元朝廷非但没有同意帖里帖木儿和刘伯温的清剿，还赐予方国珍徽州路治中官职，他的几个兄弟也都各有封赏。

至正十三年（1353）十月，大都特使到杭州宣布圣旨。帖里帖木儿被罢免，即日押解到大都看管。随后不久，刘伯温作为行御史台官员眼中的帮凶，有悖朝廷的好生之仁，也被免去一切职务，并羁管绍兴。

三、羁居绍兴

至正十四年（1354），刘伯温带着全家由台州到绍兴，在南郊一位名叫王实元的小吏家里安顿下来。王实元对刘伯温还是比较敬重，并未行囚禁之实。绍兴是大禹之邦，越国都城，又是书圣王羲之和大诗人陆游的故里，大禹在这里会盟诸侯，开创华夏王朝；勾践在这里卧薪尝胆，成就一代霸业。这里自然风光非常秀美、有多处名胜可供游玩，绍兴的气候湿润，家人病患不断，再加上遭遇此次大变动，刘伯温心灰意冷。所以，刘伯温游览了绍兴附近的名胜，还与诸多友人结伴同游，赋诗唱和，似乎可以忘却眼前的困境。在此期间，刘伯温与王冕的友谊颇深。王冕字元章，诗画俱佳，尤以画梅著称，自号梅花屋主。王冕比刘伯温大十四岁，先祖是官宦之家，但到了他父亲这一代，已经非常贫困了。王冕甚至上不起私塾，他的绘画才华，三分靠天赋，七分靠顿悟，自成一派。刘伯温曾为王冕的梅花图题诗两首，寄寓了他的人格理想。刘伯温曾全览王冕的诗作，对嘲讽时政的作品尤为赞赏。此外，还有画家赵孟頫、李公麟、米友仁等画家也多来刘伯温处求题画诗，学子也因得到刘伯温题写的序言为至宝。此时的刘伯温，在整个江南文学圈享有很高声望，坊间将他与宋濂、章溢和叶琛并称浙东四学士。

绍兴城遍布古迹，刘伯温在这里写下了《游云门记》《出越城到平水记》等八篇游记，与柳宗元的《永州八记》巧合。刘伯温似乎有意为之，两人都是出身名门，都是年少成名，三十出头高中进士，都胸怀大志，心系黎民苍生，但同样都是仕途坎坷。柳宗元在三十二岁时被贬为永州司马，在此一住就是十年，离开之后，再过四年就去世了。而刘伯温四十三岁被羁管绍兴，他不清楚自己要在这里等待多长时间。在《游云门记》的收尾，刘伯温如是写：

昔唐柳先生谪居岭外，日与宾客为山水之游。凡其所至，一丘一壑，莫不有记。夫岭外，黄茅苦竹之地，有一可取，犹必表而出之。而况于云门、若耶以山水名于天下者哉？惜余之荒陋，不足以发扬之也。虽然，岭外之地，各擅一奇，而不能皆。譬之于人，取其长，不求其全。

在文中，刘伯温欣赏柳宗元遭受重大打击之后，还能怡情山水、挥洒文墨，为他的超脱深感钦佩。同时，刘伯温更为柳宗元空怀救世济民之志，最终没有重新崛起而倍感遗憾，希望自己不要有他那样的无奈结局。

东晋王羲之在浙江绍兴兰渚山下的兰亭留下了《兰亭集序》。刘伯温在兰亭留下了《题王右军兰亭帖》，他深感王羲之仕途的不得志，同时联想到自己的命运。"王右军抱济世之才而不用，观其与桓温戒谢万之语，可以知其人矣。放浪山水，抑岂其本心哉！临文感痛，良有以也。而独以能书称于后世，悲夫！"刘伯温也写过许多游记，但是他不希望自己流于后世的仅仅是自己的文章。

沈园，位于浙江绍兴，当刘伯温行至此地时，又被陆游爱国的激昂诗篇所感染，发出了"男儿抱志气，宁肯甘衰朽"的感慨。绍兴三年，刘伯温一家得到了不少友人的帮助，他们为刘伯温缓解苦闷心情。刘伯温后来称这里是"息肩"，就是放下担子休息，没有负担地生活，绍兴是刘伯温可以休憩的一个人生驿站。三年的绍兴经历，刘伯温创作了许多清新自然的诗文佳作。政治上的不得志，给刘伯温的诗文创作提供了苦闷的语境，成就了刘伯温一生中重要的创作高峰。

四、平定处州

在刘伯温羁居绍兴期间，方国珍对朝廷的任命多有疑虑，并没有实际赴任，而只是占据了温州、台州、庆元等地，继续在海上阻绝粮运。朝廷发兵征讨，但都被方氏一一打败。朝廷对方国珍的政策也变抚为剿，这样的政策影响下，刘伯温等人的命运也发生了变化。至正十六年（1356），刘伯温再度被起用为行省都事。次年，又改任枢密院经历，与行省院判石抹宜孙同守处州。这时，处州的青田、丽水、松阳、遂昌、缙云等地都爆发了农民起义。元军对红巾军与方国珍已难以应付，对其他蜂起的起义根本无暇顾及，只能通过官员自募军队进行剿除。这次被起用，省宪就准许刘伯温可自募义兵，可捕杀拒招不从的起义军。从此，刘伯温建立起了一支由自己掌握的地方武装。

在处州任职期间，刘伯温与石抹宜孙交谊十分深厚。石抹宜孙虽为蒙古人，但精通汉学，长于诗歌，治政有方，深受百姓爱戴。刘伯温与石抹宜孙的政见相似，又都喜好诗歌，志趣相投。在处州期间，石抹宜孙还任用胡深、叶琛、章溢等人为参谋。章溢，字三益，龙泉人，他是石抹宜孙最信赖的得力助手。胡深，字仲渊，和章溢是老乡，他是石抹宜孙的重要参谋。叶琛，字景渊，丽水人，是博学有才而又善于作战的文人。一时之间，东南才俊多会聚于处州，他们诗歌唱和三百余首，两年之后编成了《唱和集》。其中，刘伯温与石抹宜孙之间的唱和之作就有九十七首之多，作品大多表现他们忧国忧民的情感。在处州期间，刘伯温的思想逐渐发生了一些变化，对元王朝的腐败有了更清晰的认识，对起义原因的理解也更加深入。他在《感时述事》诗中认为，苛政猛如虎，是迫使百姓起义的重要原因，"滥官舞国法，致乱有其因。""盗贼有根源，厥咎由官府。"这样的透彻论断十分难得。

处州是刘伯温的故乡，他不忍心眼睁睁地看着他的家乡被几股打着红巾军名号的匪寇扰得生灵涂炭。于是，刘伯温写了《谕瓯括父老文》对起义的农民动之以情，晓之以理，希望他们迷途知返；又通过讲道理摆事实，悉数元八十多年以来的种种惠民政策。最后提醒大家，"咎在有司，非主上意也"，朝廷官吏出了问题，而非元朝皇帝的错。因为起义军中一部分人是为了生活所迫无奈加入的，此篇文章确实影响了部分人退出起义军，但局势不可能因为这篇文章而产生大的改观。这点刘伯温很清楚，接下来他开始部署武装围剿。

至正十七年（1357），石抹宜孙和刘伯温带着地主武装队伍，一路上强攻智取，很快就把活跃在处州的几股起义军消灭殆尽。对于曾经参与起义军的农民的惩处，刘伯温做到宽严有度，首恶必办，而对于"胁从者"就宽大处理。几番围剿下来，只剩最强大的一股农民起义军——吴成七。

吴成七，是黄坦人，归属瑞安。吴成七家境贫寒，入赘一毛姓人家做上门女婿。他在农忙的闲暇，经常贩卖私盐，还曾在水云寺习得武术，在黄坦当地很有声望。一次，他去瑞安贩卖私盐的过程中，跟当地的盐霸发生了冲突。吴成七几拳就把其中一个瑞安的盐霸打死。其他盐霸见势头不利，纷纷向官府诬告吴成七谋反。杀人和谋反，哪一条都是死罪。吴成七索性逃回黄坦，喊了三个朋友一起谋反，他们分别是懂点武术的宋茂四、懂点兵法的周一公和落魄书生支云龙。出乎意料，响应吴成七的人很多，所以在黄坦，他们很快发展成一股重要的农民起义军。江浙行省震惊了，连忙派兵镇压，附近的几支地主武装也协助剿匪。但是几个月下来，他们没有把吴成七消灭，反而让吴成七攻下了青田县。鼎盛时期，吴成七的地盘跨青田和瑞安两地，其势力在浙江仅次于东边的方国珍。

　　至正十八年（1358），吴成七在易守难攻的金山寨建立连环七营。叶琛带领官兵前去围剿，打了几天没打下来。正当苦闷之时，刘伯温献计，让叶琛偷偷派一支官兵，在遥对金山寨的山岭上，每天黑夜来临之时，每人扛着一排灯笼来回走动，从山脚扛到山头，吹灭后再返继续，每夜都让一两百官兵轮流进行，给吴成七起义军造成元军在源源不断增兵的假象。吴成七的起义军没有经过专业的军事训练，一看对面援兵增的那么多，害怕因此丢了性命，军心开始动摇了。叶琛趁此机会进攻，歼灭了吴成七的起义军。

这次围剿成功，刘伯温起到很重要的作用。这个捷报传到大都，元朝廷甚是欢喜。刘伯温很希望自己再次脱颖而出，被朝廷重视。然而现实如何呢？刘伯温再次遭到了打击，核心问题在于方国珍。

五、不再仕元

至正十六年（1356）三月，方国珍又一次投降元朝，被封为海道运粮漕运万户，兼防御海道运粮万户；他的哥哥方国璋被封为衢州路总管，兼防御海道事。方国珍接受了元朝的任命，兄弟子侄也都被授封官职，占据着温州、台州、庆元等地，将沿海地区的渔盐等资源牢牢控制在手中，他心满意足，安于现状，并没有更大的图谋和野心。属下张子善曾提议趁势攻取更多的地盘，被方国珍一口回绝。在与元朝的博弈过程中，方国珍屡受招降，又屡次起义，为了保存实力，他尽量不与元军发生硬碰硬的、大规模的冲突。而元朝对付方国珍的策略则是以招抚为主，《明史·列传·方国珍》中说朝廷"有司惮于用兵，一意招抚"。方国珍对元朝时而投降，时而起义，几个回合下来，军事实力不仅没被削弱，反而日益变强。至正十六年（1356），张士诚攻克平江路。至正十七年（1357）八月，元朝廷任方国珍为江浙行省参知政事，令其出兵攻打张士诚。

张士诚出生于泰州白驹场一个穷苦的"亭民"之家。有三个弟弟张士义、张士德和张士信，兄弟四人都以撑船运盐为生。元朝末年，朝廷腐败，财政入不敷出。为了填补不断扩大的政府开销和军费支出，朝廷大量增发盐引，不断提高盐价，盐业成为财政的最主要的收入来源。虽然盐价不断提高，但东南沿海的盐民依然生活无着。泰州地处东南沿海，每到盛夏，都会遭遇台风侵袭，海潮倒灌。海水退去，原本千顷良田都变成盐碱地，当地农民苦不堪言。

为了养家糊口，张士诚从十岁开始就跟乡亲们一起，在白驹场的官盐船上"操舟运盐"，依靠卖苦力赚来的微薄收入补贴家用。《明史》中介绍，少年时的张士诚"少有膂力，负气任侠"，不仅身体健壮，而且为人仗义疏财，虽然自己家里经常穷得揭不开锅，可是每当乡亲们遇到困难的时候，他总是慷慨解囊，有求必应。渐渐地，张士诚在当地盐民中树立起很高的威信。

由于给官家运盐收入微薄，张士诚和几个胆大的同乡一起做起了贩卖私盐的营生。他们在给官府运盐的同时，随身夹带一部分食盐，卖给当地的富户。白驹场的富户们常常以举报官府相要挟，不仅不给张士诚盐钱，而且对他非打即骂。由于身份低微，而且贩私盐是违法行为，张士诚等人只得忍气吞声。白驹场当地有一个盐警名叫邱义，负责监督盐民出工、缉拿私盐贩子。这个邱义不但常常克扣白驹场盐民的劳动所得，而且盐民们每月还要向他上贡，一有疏漏，就对盐民非打即骂。张士诚和盐民们慑于他的淫威，只能暗气暗憋。

至正十三年（1353）正月，张士诚秘密联络了弟弟三人及壮士李伯升等十七名胆大的盐民，积极筹备武装暴动。事关重大，为了防止秘密泄露，张士诚他们把起义的地点选在了白驹场附近的草堰场。一天夜里，十八名热血盐民在草堰场的北极殿中歃血为盟，抄起挑盐用的扁担，在寒风中悄悄摸进盐警的家中，把这个平日里为害乡邻的恶霸乱棍打死。随后，十八个人又冲进当地富户家中，打开仓库，把粮食和钱财分发给当地的老百姓，接着一把火把房屋烧了个干净。

当时，在盐场干活的盐丁们正嫌工作太苦太累，于是共同推举张士诚为首，攻下了泰州。高邮府的知府李齐招降了他们，但是他们不久又叛逃出去，杀掉了行省参政赵琏，同时攻取了兴化，在德胜湖集结，有一万多人。元朝廷派人拿着"万户"的委任状去招降他们，张士诚嫌官太小，不接受。他用欺骗手段杀死了李齐，偷袭占据了高邮，自称"诚王"，国号"大周"，年号"天佑"。这一年是至正十三年（1353）。

至正十四年九月（1354），张士诚树大招风，大元朝的丞相脱脱率百万大军来攻，把高邮团团围住，当时的张士诚，叫天不灵，呼地不应，悔得肠子都青了，连扇自己嘴巴怪自己招摇惹事。最惨的是，他想投降都不行，脱脱铁定了心要攻下高邮后尽屠当地兵民，以在江南树威示警。人算不如天算，脱脱遭朝中奸臣算计，元顺帝一纸诏书把他就地解职押往吐蕃，半路毒酒赐死。至于那"百万大军"，一时作鸟兽散，群龙无首，张士诚乘机击溃了元军。张士诚于高邮建立政权，国号大周，自称诚王，改元天佑。

至正十五年（1355），淮东发生饥荒，张士诚便派其弟张士德从通州渡江进入常熟。至正十六年（1356）二月，张士诚攻陷平江（今苏州），接着又攻陷湖州、松江及常州等路。他把平江改为隆平府，张士诚从高邮迁到这里，以承天寺为据点，盘腿坐在大殿中，在梁上射三箭作为标识。

至正十七年（1357），朝廷命方国珍为江浙行省参知政事，率五万水军进攻张士诚，张士诚派兵在昆山州防御，方国珍七战全胜。没过多久，张士诚投降元朝，方国珍撤兵返回。

这样一来，方国珍摇身一变成了省级大员，成了刘伯温的上司。刘伯温平定处州吴成七有功，至正十八年（1358），经略史李国凤巡抚江南时，上奏朝廷建议升刘伯温为行省郎中。但是，朝廷以及行省中得到方国珍贿赂的官员都偏袒方国珍，一看到请功名单上有刘伯温的名字也感到厌烦。他们坚决和方国珍站在一起，对刘伯温的军功置而不录，但嘉奖总归还是有的，竟然是降职录用。刘伯温从江浙行省都事又变成江浙行省儒学副提举，授处州总管判官，从七品，且不与兵事。再一次忠而见弃，刘伯温十分气愤，于是愤然弃官而去，回归故里。与此前的辞官不同，这是刘伯温对元王朝的腐败和起义蜂起的原因进行了深入剖析后的一次抉择。"臣不敢负国，而今无所宣力矣"，他的离开不是儒家道德范畴里的不忠不义，而是一种回天乏力的无奈选择。

六、著《郁离子》

刘伯温归隐南田之时，他在处州招募的义兵也多随其来到青田山中。当时有人建议刘伯温趁天下扰攘之时，起兵括苍，成就大业，但他并未采纳。刘伯温选择退隐山中，俯视风云变幻的外部世界。

刘伯温想起自己在官场浮沉，四起四落，感慨万千。他从26岁出任高安县丞开始，历经江西行省掾史（32岁），江浙行省儒学副提举（38岁），浙东元帅府都事（42岁），江浙行省都事（46岁），到江浙行省儒学副提举（48岁）。三次辞官，分别辞的是江西行省掾史，江浙行省儒学副提举（两次）；一次被免，免去浙东元帅府都事，被羁管绍兴。刘伯温一心报国，德才兼备，却屡屡受挫，他不再相信元朝廷，元朝官场的黑暗已经让他深恶痛绝。如果他不再出山从政，他可以凭借自己的文学作品流芳于世。

至正十九年（1359），刘伯温隐居南田，潜心创作《郁离子》，用寓言故事来表达自己的社会政治观念与审美理想。《郁离子》是最能体现刘伯温的文学创作特点、最具影响力的作品，共十八章，一百九十五篇，内容十分丰富，天道人事，无所不及。其中，大多是讽刺元末社会现实，抨击时弊的作品。同时，《郁离子》是一部以议论见长，用笔犀利，虚实相间，意蕴深刻的寓言体散文集。

关于《郁离子》书名最权威的解释，刘伯温门生徐一夔如是说：郁离者何？离为火，文明之象，用之，其文郁郁然，为盛世文明之治，故曰《郁离子》。

《郁离子》作为一部寓言散文集，是中国寓言发展史上一个里程碑式的作品。它的重要性不仅仅在于文采熠熠、辩博奇诡的文学审美价值，更重要的还在于其中闪烁着刘伯温治国安邦的思想光辉，以及保持对特定时代的清醒认识的社会价值。

刘伯温本人曾为多人的文集作序，遗憾的是看不到他为《郁离子》写的序。当然，徐一夔在洪武十九年（1386）十一月为

《郁离子》作的序言也十分精彩。在文中，他给予了老师极高的评价。

　　骤而读之，其锋凛然，若太阿出厘，若不可玩；徐而思之，其言确然，凿凿乎如药石之必治病，断断乎如五谷之必疗饥而不可无者也。岂若管、商之功利，申、韩之刑名，仪、秦之捭阖，孙、吴之阴谋，其说诡于圣人，务以智数相高，而不自以为非者哉！见是书者，皆以公不大用为憾，讵知天意有在，挈而畀之维新之朝乎？

　　徐一夔写到，书中的锋芒令人敬畏，就像太阿剑离开剑匣，好像不可把玩。慢慢思量，书中的道理正确，言之凿凿如同治病的药物，确定无疑如同疗治饥饿的不可缺少的五谷，不像管仲、商鞅的功利之说，申不害和韩非的刑名之术，张仪、苏秦的游说之术，孙武、吴起的用兵谋略，仅仅在于追求高超的谋术，有违圣人的道德思想，还认为自己是正确的！看这本书的人，都把之前刘伯温不被重用当作是遗憾的事，也可能天意在此，要将刘伯温的才能给予新朝。

　　《郁离子》绝大部分篇章当作于元至正十八年（1358）年底到至正二十年（1360）年初，但也并不排除少数作品成于明初。

刘伯温创作《郁离子》之时，已对元王朝完全失去了信心。这种心态在《郁离子》中有反映，《千里马第一·贿赂失人心》云：

> 北郭氏之老卒，僮仆争政。室坏不修，且压。乃召工谋之。请粟，曰："未闲，女姑自食。"役人告饥，莅事者弗白而求贿，弗与、卒不白。于是众工皆备悉，执斧凿而坐。会天大雨霖，步廊之桂折，两庑既圮，次及于其堂。乃用其人之言，出粟具饔饩以集工，曰："惟所欲而与，弗靳。"工人至，视其室不可支，则皆辞。其一曰："向也吾饥，请粟而弗得，今吾饱矣！"其一曰："子之饔餲矣，弗可食矣！"其三曰："子之室腐矣，吾无所用其力矣！"则相率而逝，室遂不葺以圮。

刘伯温大量的作品，体现出他的治国理念，其中《郁离子·抄沙》涉及汇聚民心：

> 郁离子曰："民犹沙也，有天下者，惟能抟而聚之耳。尧、舜之民，犹以漆抟沙，无时而解。故尧崩，百姓如丧考妣三载，四海遏密八音，非威驱而令肃之也。三代之民，犹以胶抟沙，虽有时而融，不释然离也。故以子孙传数百年，必有无道之君而后衰，又继立而得贤焉，则复兴。必有大无道如桀与纣，而又有贤

圣诸侯如商汤、周武王者间之，而后亡。其无道未如桀、纣者不亡；无道如桀、纣，而无贤圣诸侯适丁其时而间之者，亦不亡。霸世之民，犹以水抟沙，其合也，若不可开，犹水之冰。然一旦消释，则涣然离矣。其下者，以力聚之，犹以手抟沙，拳则合，放则散。不求其聚之之道，而以责于民，曰：'是顽而好叛。'呜呼，何其不思之甚也！"

国以民为本。所以，历来明君治国总以保民、安民、养民为先。刘伯温以"沙"喻民，认为善当国者是"以漆抟沙，无时而解"；次之是"以胶抟沙，虽有时而融，不释然离也"；又次之是"以水抟沙""其合也，若不可开，犹水之冰，然一旦消释，则涣然离矣"；再下者为"以手抟沙，拳则合，放则散"，此乃以力聚民，终不得法，故民叛之亦易。

《郁离子》思想内容博大精深，它针对元王朝的种种弊端为后来王朝提供了行之有效的治国方略。遵循对症下药这一基本原则，刘伯温在《麋虎第十六·井田可复》为后来王朝开具的总药方是"以大德勘大乱"。要以德治国，首先当国者自身应有德量。刘伯温说，人之度量相去甚远，大者有如江海，微者则如溅泉，而君人者必须具有容纳百川的江海德量。《蜼蠊第七·德量》中写道："君人者，惟德与量俱，而后天下莫不归焉。德以收之，量以容之。德不广，不能使人来；量不弘，不能使人安。故量小而思纳大者，祸也。汋谷之蝇，不可以陵洪涛；蒿樊之驾，不可以御飘风。大不如海，而欲以纳江河，难哉！"一国之君惟有德正量弘，方能明辨是非，任贤斥佞；广开言路，博采众议；修明法度，治国安邦。刘伯温认为当国者还得有居安思危、防微杜渐的忧患意识，这正是元末朝廷当局所缺少的。至正初年，灾异频发，黄泛区"民饥盗起"，元朝廷一直未采取行之有效的补救措施，以致事态恶化，局面难以收拾。刘伯温在《千里马第一·乱几》中说：

　　一指之寒弗煖，则及于其手足，一手足之寒弗煖，则周于其四体，气脉之相贯也，忽于微而至大。故疾病之中人也，始于一腠理之不知，或知而忽之也，遂至于不可救以死，不亦悲夫？天下之大，亡一邑不足以为损，是人之常言也。一邑之病不救，以及一州，由一州以及一郡，及其甚也，然后频天下之力以救之，无及于病，而天下之筋骨疏矣。是故，天下一身也。一身之肌肉、腠理、血脉之所至，举不可遗也。

　　刘伯温以"身"喻国，生动地说明了必须防微杜渐这一深刻道理。实际上是找出了元末时势恶化的一个重要原因，以之为后世当国者的前车之鉴。基于"以大德勘大乱"这样一种指导思想，刘伯温制定了以德养民、以道任贤的治国方略。

那么，一国之君又怎样才能提高天下民众的凝聚力呢？那就是以德养民，而非以术诈民。《天地之盗第八·养民之道》中说"先王之使民也，义而公，时而度，同其欲，不隐其情，故民之从之也，如手足之从心，而奚恃于术乎！"人病渴不可刺漆汁以饮之，池有獭不可毒其水而保鱼。同理，国有乱而不可掠其民而治之。为此，刘伯温主张"养民"，得民心者得天下。所以当国者要体察民情，顺应民心。《麋虎第十六·井田可复》中有言："夫民情久佚则思乱，乱极而后愿定。欲谋治者，必因民之愿定，而为之制。然后强无梗，猾无间，故令不疚而行。"要拨乱反正，实现"王政"，吏治、人才是关键。"万乘之国，兵不可以无主；土地博大，野不可以无更；百姓殷众，官不可以无长。"治理天下单靠一个皇帝不行，而需要成千上万的各级官吏共同努力，整顿吏治，尤其要重视人才的选拔、培养、任用、考核、升迁等各个环节，尽最大之可能，做到人尽其才，为国所用。

刘伯温特别重视人才选拔的问题，大量的文章涉及这方面内容。在开篇的《千里马》中，刘伯温就对元朝的用人制度进行了辛辣的讽刺：郁离子之马孳，得驺骎焉。人曰：是千里马也，必致诸内厩。郁离子说，从之。至京师，天子使太仆阅方贡，曰：

"马则良矣，然非冀产也。"置之于外牧。

刘伯温就像千里马一样，虽德才兼备，因为不是蒙古人和色目人，就被打入另册，总是得不到提拔。而在《良桐》一篇中，刘伯温更是对元朝政府的用人标准和眼光，进行了无情的鞭笞：

工之侨得良桐焉，斫而为琴，弦而鼓之，金声而玉应，自以为天下之美也，献之太常。使国工视之，曰："弗古。"还之。工之侨以归，谋诸漆工，作断纹焉；又谋诸篆工，作古窾焉；匣而埋诸土，期年出之，抱以适市。贵人过而见之，易之以百金。献诸朝，乐官传视，皆曰："希世之珍也。"

工之侨闻之，叹曰："悲哉世也！岂独一琴哉，莫不然矣。而不早图之。其与亡矣！"遂去，入于宕冥之山，不知其所终。

工之侨的悲愤，其实就是刘伯温自身的真实写照。"悲哉世也！岂独一琴哉，莫不然矣。"遇不到好的上司，再好的潜质只能荒废，再多的努力都是白搭。

在用人方面，朝廷首先要具有识别人才的慧眼。譬如行医者须懂药理，要善于识别名贵之药、普通之药和虎狼之药。《玄豹第三·采药》中提到切忌将外观极美实则"但有杀人之能，而无愈疾之功"的虎狼之药误作名贵之药使用，用人亦如行医，人才也有大小优劣之分，大才大用，小才小用，无才不用，尤其要注意识别那些"状如黄精""其状如葵"，成事不足，败事有余的假人才，"无求美弗得，而为形似者所误"。《千里马第一·养枭》中说培养人才得先找准"苗子"，审其德、量其才、考其绩，然后定夺升迁。若误将庸才当俊才培养、使用，则无异于"楚太子养枭"。

其次，选拔人才要放开眼量、拓宽视野，既不要像"梁王嗜果""独求之吴"，也不要像"燕文公求马"，舍近而求远，更不能以种族、地域分，"非冀产"则不用。概言之，要唯才是举，唯才是用。在人才的使用上，要"量能以任之，揣力而劳之。用其长而避其缺，振其怠而提其蹶"。金无足赤，人无完人。考核官吏要看主流，不可攻其一点，否定其余。譬如钟山之猫，既抓鼠也吃鸡，在《枸橼第六·捕鼠》中写"月余，鼠尽而其鸡亦尽"。赵人说："吾之患在鼠，不在乎无鸡。……无鸡者、弗食鸡则已耳，去饥寒犹远，若之何而去夫猫也？"官吏升迁要既看德才，也看政绩，杜绝"悉取诸世胄昵近之都那竖"的用人弊端。用人须用而不疑，疑而不用。《蟥螣第七·任己者术穷》中说："善疑人者，人亦疑之；善防人者，人亦防之。上下居中夫天下之人，焉得尽疑而尽防之哉？"如此这些，都是刘伯温的人才观。

《郁离子》中严格意义上的寓言作品约占六成，他作多属先秦式的卮言、重言和寓言。第十八章《九难》则纯粹是赋体。所谓卮言，是抽象的论理；重言是不求信实地征引某些历史故事或古人之言；寓言则是论述中采用虚构假托的故事或自然物的拟人化来寄寓某种事理。一般地说，以"郁离子曰"开篇直抒己见之作大都属卮言，而寓言和重言往往是融为一体，难以分割，一般情况是寓言含于重言之中。在构思、立意、取材、语言特色和行文风格上，《郁离子》都明显受到古代寓言、重言、卮言创作的影响，但是又有创新，它为寓言艺术的不断完善和发展作出了应有的贡献。

第一是立意上的推陈出新。《郁离子》在取材上有所依傍，但一经作者加工便显现出崭新的创意。如《瞽聩第五·术使》是源于《庄子·齐物论》和《列子·黄帝篇》的"朝三暮四"故事，《庄子》是以其论证世主诸事皆"无是非"的观点。《列子》则以其说明"名实未亏"的道理。原作中的众狙愚昧无知，让人觉得黎民百姓只需统治者稍使许术，便可驯服之而坐享其成。这一寓言经刘伯温改写，展现在读者面前的"众狙"，已不再是任人摆布的驯服工具。他们在狙公的残酷压榨下猛然醒悟而奋起反抗，"伺狙公之寝，破栅毁柙，取其积，相携而入于林中，不复归。狙公卒馁而死。"其主旨一变而为警告当权者对黎民百姓的盘剥不要过于苛刻，否则，将物极必反。这样的立意，无疑要比原作高出许多。

第二是题材上的拓展。另辟蹊径，瞄准现实，为后世寓言作家踏出了一条更为宽广的创作路子。在此尤值一提的是那些取材于现实生活，经作者巧裁妙剪、提炼加工的名篇佳作。如《枸橼第六·冯妇之死》，这则寓言虽源于"冯妇搏虎"这一典故，但其主要情节和内容都是取材于现实生活。东瓯方言至今"火""虎"不分，晋国冯妇这个搏虎能手居然被请到东瓯去灭火，以致被"火灼而死"！且至死尚不悟其因，读之让人啼笑皆非，细思则有深意寓焉。刘伯温以此告诫朝廷用人要用其所长，否则便是"扼杀人才"！

第三是向寓言体小说迈出了重要一步。《郁离子》大体上是一部寓言体散文集，但就其某些篇章而言，则以小说称之更为合适。如《虞孚第十·蹶叔三悔》，讲述蹶叔不听友人劝告，务农、经商皆一再违反自然规律而一无所获，虽多次对天发誓痛改前非，但老毛病还是经常复发，某次泛海行商，又不听友人劝告而误入大壑，历经九年才死里逃生。比还，而发尽白，形如枯蜡，人无识之者。乃再拜稽首，以谢其友，仰天而矢之曰："予所弗悔者，有如日！"其友笑曰："悔则悔矣夫何及乎！"行文中活脱脱地勾勒出一个"好自信，而喜违人言"的人物形象，无疑是一篇具有劝惩意义的寓言体讽刺小说。《瞽聩第五·即且》《麋虎第十六·唐蒙与薛荔》等都是此类。

《郁离子》的艺术成就是多方面的，徐一夔谓其"牢笼万汇，洞释群疑，辨博奇诡，巧于比喻，而不失乎正"，并非过誉。但其主要成就则体现在讽刺艺术的成功运用之中。

首先，《郁离子》的讽刺矛头对准了元朝的社会现实，具有很强的真实性和针对性。如《千里马第一·千里马》《千里马第一·八骏》就完全是用以讽刺元朝的民族歧视政策的。马虽为"千里马"，只因其"非冀产也"而不予重用；马的优劣以产区分为四类，好像是元朝将人分为四等一样，其结果是"天闲之马""素习吉行"，不事戎事；"内厩之马"养尊处优，"望旆而走"；"外厩之马"与"江南散马"因"食粟"不公而不愿尽力，故一旦"盗起"，则无马可用，这是对元廷在人才使用上搞民族歧视的绝妙讽刺！

其次，刘伯温能做到"公心讽世"，所以对元朝廷之弊端的剖析较为客观。作者时常以"局外人"的冷眼旁观去俯瞰元朝廷近乎荒唐愚蠢的作为。如《省殷第九·九头鸟》，刘伯温以"九头鸟争食"影射元朝廷"南坡之变""两都争战"的兄弟相残，因争夺皇位而内讧时起、政变相继的愚蠢行径。文中"海凫"可谓刘伯温的化身，以旁观者之口吻一针见血地点明了"九头争食"之愚昧可笑，这种"露底法"的讽刺是很可以见出刘伯温讽世之彻底。

从艺术风格来看,《郁离子》兼有辛辣尖锐和诙谐幽默两种不同的艺术风格,而从总体上看则以辛辣尖锐风格为主,这与其散文"气昌而奇"的总体风格是相一致的。

在全书的结尾,《九难第十八·难九》中,刘伯温借郁离子之口,说出了自己的写作目的:

方今成弧绝弦,枉矢交流,旬始挽抢,降魄流精,为驱为豺。为蛟为蛇。犬失其主,化为封狼,奋爪张牙,饮血茹肉。淫淫瀌瀌,沉膏腻穷渊,积骸连太陵,无人以救之,天道几乎熄矣。而欲以富贵为乐,嬉游为适,不亦悲乎?仆愿与公子讲尧禹之道,论汤武之事,宪伊吕,师周召,稽考先王之典,商度救时之政,明法度,肆礼乐,以待王者之兴。

这段话可看出刘伯温著《郁离子》一书的意图,"以待王者之兴",即它并非是为元朝的覆亡唱挽歌,而是针对元朝的社会弊端开良方,为未来新王朝设计治国方略。可他期待的"王者"会很快到来,并重用一个饱经沧桑、满腹经纶的半百之人吗?

第五章

辅佐明主

一、元璋突围

　　祖辈都是贫民的朱元璋家族，日子过得十分清苦，从他的爷爷辈起一直遭受着无良地主的压迫和残害，收高税重剥削。在这样巨大的压力之下，朱元璋的爷爷便只能背井离乡另谋出路。但是无论换到哪里永远换不了自己是农民的身份，因此只能够被不同的地主剥削压迫。朱元璋是家里最小的儿子，是他父亲朱五四的老来子，上面有三个哥哥两个姐姐，此时叫朱重八，朱家虽然贫困却一直对小儿子很好，咬咬牙饥一顿饿一顿地把朱重八养大。朱重八在这样艰苦的环境里从小就不知道饱的感觉，并且一直在居无定所地漂泊着。因为遭受地主的压迫，朱家一直在搬迁。朱重八自小会做很多农活，经常给地主放牛。朱重八自幼的玩伴很多，日子虽然过得惨，总是吃了上顿儿没下顿儿的，却有一个很开心的童年，有许多小伙伴一起过日子，也算是充满了童趣。据传朱重八儿时玩游戏，最喜欢扮演皇帝，他有模有样地板着身子，坐直了听别的小朋友喊他皇上万岁。

　　至正四年（1344），北方的黄河流域出现了洪涝灾害，而南方的淮河流域却出现了大面积的旱情。旱灾之后，发生瘟疫，夺去了无数人的生命。这一年，朱重八只有十七岁，他眼睁睁看着父亲、大哥、大哥的长子以及自己的母亲在一年内一个个地离开人世，却无能为力。为了活命，他进入了当地的皇觉寺，成了最低等的小沙弥。随着灾情的一再加重，皇觉寺的和尚也没有饭吃了。朱元璋被打发出去做了游方僧人，带着木鱼、瓦钵游方化缘，与四处乞讨的乞丐无异。他的足迹踏遍了河南江北行省，走过了合肥、光州、罗山、信阳、汝州和颍州等多地，一路风餐露宿，饱尝人世艰辛，这段时间的流浪也使他深切了解到民间疾苦，增长了社会见识。他不但成功地生存下来，而且开阔了眼界，拓展了思维，丰富了知识，完善了性格。

至正八年（1348），朱重八回到了皇觉寺，从此"立志于学"。如果没有红巾起义的大风暴，朱重八也许要长时间地当一名和尚。至正十二年（1352），韩山童、刘福通领导的元末农民大起义爆发。次年，濠州也出现了一支几千人的起义队伍，为首的是定远人郭子兴。朱重八的一位同乡好友汤和也在起义军中，他写信给朱重八劝其投军，被元军发现，误认为是起义军成员。为了逃避元军的追捕，朱重八投奔了郭子兴的队伍，开启了他的戎马生涯。

朱重八入伍后，因打仗机智勇敢，又粗通文墨，这在起义军当中十分难得，他很快就得到了郭子兴的赏识。有次，郭子兴带领亲兵营出城巡查，却不料偶遇一大股元军，因为事发突然，想要回避已是不可能，元军将他们团团围住。郭子兴身边只有这么一点亲兵，情况十分危险。朱重八见状，突然拔出腰刀，一个"大鹏展翅"，硬生生地向元兵扑去。刀光闪处，元军人头纷纷滚落于地，一瞬间就倒下去十多个。受此鼓舞，其他亲兵士气大振，呐喊着一起冲向元军。元军看见这班人如此英勇，吓得心惊胆战，迅速撤离。短短一个月的时间，朱重八由一名普通的亲兵升为九夫长，即随身侍卫亲兵的小头目。郭子兴还把自己的养女马氏嫁给了他，从此朱重八在义军中的地位更加稳固，军中都称呼他为"朱公子"，也就在这时候，他正式改名朱元璋，字国瑞。

没过多久，朱元璋就发现义军中的许多弊端，郭子兴军中各部帅间矛盾重重，他认为留在这里不是长久之计。恰好郭子兴派他去家乡钟离招兵买马，同乡徐达、周德兴等人都纷纷前来投效，朱元璋很快就募兵700多人。郭子兴十分高兴，就把这支人马交给了朱元璋单独统率，并升他做了镇抚。此后，通过不断招编，朱元璋的队伍迅速壮大。

至正十三年（1353）七月，朱元璋便率领这支队伍去攻打滁州。朱元璋攻打滁州比较顺利，并没有遇到太强的对手，也没有遇到元朝太多兵力的抵抗。这可能是当时元朝统治者调集了很多兵力去攻打那些已成气候的起义军。朱元璋占据滁州以后，吸引了江淮一带的大批名士。仅在定远一地就有四个人才前来投靠，分别是缪大亨、冯国用和冯国胜两兄弟，还有李善长。李善长字百室，濠州定远人，从小就喜爱读书，有智慧和谋略，通晓法家学说，料事如神。在朱元璋攻克滁州之后，李善长前往迎接拜见，成了朱元璋的谋士，并参与重大事务的决策，主管军队的物资供应，很受朱元璋的信任。朱元璋威名日益显著，前来投靠的文人武将越来越多，李善长考察他们的才能，禀告给朱元璋。同时，李善长替朱元璋对投诚者表达诚挚情意，使他们能够安心，有人因为某些事情意见不合，产生矛盾，李善长便想方设法从中调解。朱元璋曾经神情从容地问李善长："天下之乱什么时候才能平定呢？"他回答说："秦末战乱之时，汉高祖从普通百姓中崛起。他生性豁达大度，知人善任，不胡乱杀人，五年成就了帝王的基业。现在元朝纲常已经混乱，国家四分五裂。倘若效法汉高祖，天下便可轻易平定！"朱元璋称赞他言之有理。

不久，几个亲戚也上门投靠朱元璋——侄子朱文正和外甥李文忠，加上朱元璋早些时候几个出生入死的好兄弟：汤和、徐达、常遇春、廖永忠、周德兴、郭英一干人等。至此，徐达、汤和、吴良、吴祯、花云、陈德、顾时、费聚、耿再成、耿君用、唐胜宗、陆仲亨、华云龙、郑遇春、郑遇霖、郭兴、郭英、胡海、张龙、陈桓、谢成、李新材、张赫、周德兴，二十四人凑齐，世称"淮西二十四将"。同时，朱元璋在马路上见到了一个可怜的孤儿，收他当自己的干儿子，这个孩子叫沐英。一时间，朱元璋的帐下可谓星光熠熠，豪杰阵容强大。

然而，郭子兴并没有那么顺利。郭子兴一行接连攻破盱眙、泗州。郭子兴没等到红巾军领袖赵均用的封赏，却险象丛生。而此时身在滁州城的朱元璋派人前去与赵均用交涉，动之以情晓之以理，又派人贿赂他的心腹，郭子兴这才得以脱身，于是他率领他一万多人的部队来到滁州。朱元璋立即交出兵权，三万人的队伍，纪律严明，军容肃整，郭子兴见了十分欢喜。但这个决定令其手下多有不解。

次年，为了解决义军的粮草问题，朱元璋奉命攻克和州。攻城之后，义军横暴杀掠者众多，强抢妇女者也不在少数，朱元璋决定整肃军纪，晓谕全军："军无纪律，何以安众。凡军中所得夫妇，悉皆还之。"第二天，朱元璋就将所有被掳的妇女全部释放，让他们回去与家人团聚。此后，朱元璋更加重视军纪，严禁杀伤掳掠，要求将士们"克城以武，安民以仁"，不妄杀百姓。他的部队也因此更加深得百姓的爱戴。

至正十五年（1355），刘福通派人把韩山童的妻儿迎回亳州，拥立韩童山之子韩林儿为皇帝，建国号为大宋，年号龙凤，定都亳州。三月，郭子兴死，韩林儿任命郭子兴的儿子郭天叙为都元帅，部将张天祐、朱元璋分别为右、左副元帅。不久张天祐、郭天叙相继战死，朱元璋就成了大元帅，郭子兴的旧部全归他指挥。至此，朱元璋成了手握重兵的元帅。

朱元璋以和州为根据地，在和元军的采石矶之战、金陵之战中节节取胜，连续攻下采石、芜湖、太平。朱元璋联络小明王韩林儿，在太平升官，封他为翼元帅。当然他的队伍也日益壮大，附近巢湖的一些起义军也归附了他。至正十六年（1356），朱元璋毫不犹豫地率领大军合围金陵。金陵城外的元军倒很识时务，没做多少抵抗就投降了。不过金陵的守城人赤福延寿，是元朝几个不可多得的将才之一。强攻不成，朱元璋阵营挖了一条地道直通城里，杀了赤福延寿一个措手不及。攻占金陵之后，朱元璋把金陵改为应天府，自称"吴国公"。时年二十九岁的朱元璋已经是指挥十万大军的统帅了，对内设立万户府，恢复农业生产，对外不断扩张地盘。

至正十七年（1357），朱元璋先后攻占了长兴、常州、宁国、江阴、常熟、徽州和扬州等城市。至正十九年（1359）年底，他又占领了浙东的处州、衢州和婺州三府，他的地盘东与吴王张士诚、方国珍；西与汉王陈友谅接壤，相互之间战事不断。此时，朱元璋已经具备了与他们争夺东南，甚至是争夺天下的资格。

二、三请伯温

在刘伯温发愤著书之时，朱元璋的事业稳步攀升，他很热衷于招募人才。至正十八年（1358）十二月，朱元璋攻克婺州。

刘伯温的老上司和老朋友石抹宜孙，此时正驻守处州，北面的婺州要是丢了，处州基本上就没什么可以抵挡的屏障了。鉴于婺州的重要性，石抹宜孙马上派胡深带兵支援婺州守军。没有刘伯温辅佐的石抹宜孙，在军事上的指挥能力很弱。也可能其母亲在婺州，也可能是行军急切，石抹宜孙下令让士兵坐战车前进。婺州不是平原，坐战车在狭窄的山沟小道里行军多有不便。朱元璋很快得到了胡深前来支援的情报，派出一支灵活的机动部队，绕道婺州后面，很顺利地把胡深的援兵消灭在深山老林里。胡深兵败逃走，婺州成了一座孤城。被朱元璋围打了几天，弹尽粮绝，在守将李相的带领下不得不出来投降。

拿下婺州后，朱元璋没有急着攻打处州，而是在婺州招揽文人雅士，积极在当地发展教育事业。胡大海曾对朱元璋说，浙东一带人才很多，最有名的是浙东四先生，成员包括宋濂、叶琛、章溢、刘伯温，其中又以刘伯温最厉害。李善长又跟朱元璋说宋濂也是个人才，应该请来辅佐大业，宋濂却回信婉拒，理由是其本领不如刘伯温。

张士诚被朝廷招安之后，就经常把矛头瞄准朱元璋阵营，为了稳住后方，朱元璋暂时留下胡大海和常遇春继续攻打处州周边。他俩没让朱元璋失望，连续把处州周边的一个个小城镇攻下之后，迅速向处州靠拢。至正二十年（1360），守卫处州的石抹宜孙和胡深见大势已去，稍微作了一下抵抗就弃城逃跑了。他们一直逃到了福建的建宁。石抹宜孙决心在福建北部重新召集兵力攻打处州，但是人心已散，收复处州成了不可能完成的任务，于是叹曰："处州，吾所守者也。今吾势已穷，无所于往，不如还处州境，死亦为处州鬼耳！"当一行还至庆元县时，遭遇乱兵，终为所害。殉难后，朱元璋嘉其忠义，令立祠祭祀。

攻破处州城之后，朱元璋要做的第一件事情就是请刘伯温出山。他派大将缪美代表他去南田请刘伯温，刘伯温拒绝了。刘伯温虽然对元朝的腐败已有深切的体会，屡次忠而见弃也使刘伯温倍感绝望。经过归里之后的沉思默识，对社会形势也有了逐渐清晰的认识。但是，弃元辅佐新主对于刘伯温来讲是一个痛苦、艰难的选择，他还没有做好心理准备。何况好友石抹宜孙刚刚死于战乱，在他内心平添了一个屏障。因此，与其他名士相比，刘伯温出辅的愿望显然比较淡漠。

当朱元璋命孙炎邀请浙东四先生刘伯温、宋濂、叶琛、章溢同赴金陵之时，其余三人都已应允，唯独刘伯温婉言相拒。孙炎一再敦请，刘伯温以宝剑赠奉孙炎。孙炎作诗表示，宝剑应当献给明主，而不是留在山中浪费，并附上数千言的书信。《石仓历代诗选》中录有《宝剑歌》：

宝剑光耿耿，佩之可以当一龙。

只是阴山太古雪，为谁结此青芙蓉。

明珠为宝锦为带，三尺枯蛟出冰海。

自从虎革裹干戈，飞入芒砀育光彩。

青田刘郎汉诸孙，传家惟有此物存。

匣中千年睡不醒，白帝血染桃花痕。

山童神全眼如日，时见蜿蜒走虚室。

我逢龙精不敢弹，正气直贯青天寒。

还君持之献明主，若岁大旱为霖雨。

当孙炎的使者第三次带着诗作和书信来到南田时，刘伯温为孙炎的文采所折服，同意相见。随后几日，孙炎如期来到刘伯温家中，两人相谈甚欢。孙炎有礼有节，悉数朱元璋胸怀宽广，重用人才之事。刘伯温虽在南田著书，但对天下局势一直很关切，就朱元璋、陈友谅和张士诚三者对比，他对朱元璋的低调行事还是较为赞许的。

至正十九年（1359）九月，陈友谅先是为了骗取红巾军天完政权领袖徐寿辉的信任，杀掉自己的长官倪文俊，然后架空徐寿辉，自封汉王，大权独揽。陈友谅刚愎自用，任人唯亲，排除异己。这样的人，无论地盘再大，实力再强，刘伯温也不会欣赏的。而且，陈友谅重用武将，轻视读书人，这更让刘伯温无法接受。

诚王张士诚，以十八条扁担起义，建立大周政权，其地盘覆盖最富庶的苏州、湖州和嘉兴一带，并且他能体会民生疾苦，轻徭薄役，建立了不错的口碑；他开科取士，喜欢招纳读书人，施耐庵、罗贯中、陈基、陈维等一批名士被收罗帐下。可惜在这样的乱世，张士诚安于现状，企图以苏湖自保，没有兼并天下的雄心。刘伯温也能预测到，张士诚早晚要被他人所灭。

在刘伯温看来，朱元璋有些优势，是那两人无法比拟的。

第一，朱元璋胸怀大志，眼光长远，却又低调务实，不出风头。他的目标，绝对不只是应天府的一亩三分地。自从渡江以来，一直坚持"高筑墙，广积粮，缓称王"。不像吴成七那样占据了几个州府就急吼吼地称王。朱元璋明明早就具备了称王的实力，却向不能控制自己的小明王韩林儿称臣，坚持使用龙凤年号，接受其表面上的命令。这样，就防止自己成为元军主力重点打击的目标，不图虚名，而得实利。相比之下，张士诚在兵力相对单薄的情况下就自称诚王，陈友谅挟持天完政权领袖徐寿辉，自封汉王，都显得相当失策。

第二，朱元璋善于治军，有巨大的人格魅力。

朱元璋从一个小兵做起，成为掌管十余万大军的统帅。他的威信，那是在枪林弹雨中打出来的。他的成功，绝不仅仅是出于运气。在战场上，他从来不会躲在后面，而是喜欢冲锋在前，带领兵将取得胜利，不怕负伤，因而能够得到官兵的爱戴与尊敬。朱元璋身边，团结了一大批能力出众、能打硬仗的猛将，并视主帅为知己。周德兴、徐达和汤和都是他小时候的玩伴，而常遇春、花云和胡大海这样的猛将，他总能迅速调整他们的状态，为自己所用。相比陈友谅的将帅不和，朱元璋阵营的凝聚力，显然要强出太多。

第三，朱元璋真正重视读书人，重视发挥他们的能力，并非张士诚式的养而不用。朱元璋和张士诚都喜欢招纳读书人，但性质有很大不同。朱元璋自己没读过多少书，但能清楚地认识到知识的力量。他一方面自己不断读书学习，另一方面尽一切可能，广揽人才。在滁州，朱元璋遇到了前来投奔自己的同乡李善长，两人一见如故。李善长劝朱元璋学习汉高祖刘邦，严明军纪，不乱杀人，收买民心。朱元璋则建议李善长学习萧何，在主将和下属之间做桥梁，解决矛盾，上情下达。在太平，儒生陶安前来投奔，劝说朱元璋攻取集庆；占领集庆后，朱元璋留用的夏煜、孙炎和杨宪等人，都先后发挥了很重要的作用。而张士诚则不然，和刘伯温同年考中进士的施耐庵就是投奔于张士诚麾下，几次进言都未被采纳，最终愤而离去，潜心创作小说了。

刘伯温的清晰认识和朱元璋的恩威并重，加上好友宋濂、叶琛、章溢已经应允，经深思熟虑之后，刘伯温决定出山。这一年，刘伯温已年届五十。

三、谋士奇略

至正二十年（1360），刘伯温初次与朱元璋相见。朱元璋崇尚方术，征用刘伯温原本是想借助于他的象纬之学。据《明史》说，"基博通经史，于书无不窥，尤精象纬之学"，刘伯温可通过日观天象、占卜吉凶来预测未来之事。更令朱元璋惊喜的是，刘伯温不仅明阴阳，懂八卦，还晓奇门，知遁甲，首次见面就奉上"时务十八策"，内容有征伐、治国、纳贤、驭臣等。此策失传，也可能避讳，自古圣意均自上出。朱元璋看了《时务十八策》后，豁然开朗，直叹相逢恨晚。他按照刘伯温的策略，稳扎稳打，各个击破，一步一个脚印，最终登上皇帝宝座。在刘伯温的辅佐下朱元璋先消灭了陈友谅，而后，仅用两年不到的时间，朱元璋把张士诚生擒回应天，张士诚最后自缢而死。刘伯温力陈《时务十八策》，把一统江山的每一步都规划到位了。刘伯温也向朱元璋提出了"缓称王"的主张，但他知道这关键点在"缓"字，最后必然是要"称帝"的。从最后结果上来说，刘伯温的"时务十八策"比三国时期诸葛亮的"隆中对"还更胜一筹。于是出现了"三分天下诸葛亮，一统江山刘伯温"的传说。"时务十八策"既有宏观战略，还有一系列可操作的治国方略。朱元璋为刘伯温的盖世奇才所折服，之后的戎马生涯中他们两人互为成就。

至正二十年（1360）五月，小明王韩林儿任命朱元璋为仪同三司江南等处行中书省左丞相。不料八月，红巾军却兵败如山倒，派出的三路红巾远征军均告失利。元将察罕贴木儿乘胜攻陷汴梁，刘福通奉小明王令退守安丰，地盘日渐缩小。朱元璋的浙东红巾军却一再发力，应天东南被孤立的元朝据点逐渐被他拔除。这时朱元璋的领土已扩大到：东、北两面与张士诚为邻，西与陈友谅相近，东南与方国珍相接，南邻陈有定。四邻之敌，强弱不等，心怀各异。张士诚最富，陈友谅最强，方国珍、陈有定志在保土割据，并无远大企图。

刘伯温分析，张士诚顾虑多，疑心重，他以守为攻，扼住江阴、常州、长兴等几个据点，既不想和朱元璋冲突，也不想让其东进一步。陈友谅却是个狠角色，野心大，欲望强。虽然都是红巾军，但是他们之间却有着不可调和的矛盾。陈友谅野心勃勃，气焰嚣张，极力东进，形成对朱元璋的威压之态。

至正二十年（1360）五月，天完政权的领袖徐寿辉从汉阳突然来到江州视察。徐寿辉对陈友谅一直很不放心，这一次来就是有意加以控制。在江州城门外，满脸笑容的陈友谅把风尘仆仆赶来的徐寿辉连同他的卫队全部杀死，然后以江州为都，自封"汉王"，改年号"大义"。徐寿辉惨死，他驻守在各地的臣子竟没有敢站出来讨伐的，都选择了沉默和顺从。消息传来，朱元璋对陈友谅的残暴异常震惊，同时也对他感到担忧，对自己的部将也开始更加防备。大权在握后，陈友谅的野心再次膨胀，他立刻发起对朱元璋新一轮的军事攻击。陈友谅派人与张士诚相约，两个人东西夹攻朱元璋，准备瓜分朱的地盘。张士诚正被朱元璋打得苦不堪言，正一肚子气发泄不出来，便一口答应。

至正二十年（1360），陈友谅亲率大军自上游浮江而下，攻陷太平，杀了守将花云及朱元璋义子朱文逊，率军直逼应天府，声势颇大。应天震惊，朱元璋为此专门召集群臣，讨论对策。文武百官议论纷纷，有主张投降的，有主张逃跑的。刘伯温见众人所谈，无非投降或者逃跑，便瞪着眼睛一言不发，关注朱元璋的神情。

朱元璋举棋不定，环顾四周，见只有刘伯温不言，遂召其入内间，问道："今汉兵旦夕压境，诸将纷纷，先生沉默不言，有意乎？"刘伯温娓娓道来，陈友谅在西边，张士诚在东边。陈友谅占有饶州、信州、荆州、襄阳等大城市，几乎占据长江以南大半的面积。而张士诚只是占据了海边的一块小地方，北面也就到淮北扬州一带，南边只到了绍兴，他表面上投靠元朝，实际上暗地里想反叛元朝，打着做皇帝的小算盘。"此守虏耳，无能为也"，张士诚只不过是一个没什么大作为的守势敌人。如果你先进攻张士诚，那么陈友谅一定会从背后插你一刀。如果你先进攻陈友谅，张士诚很可能事不关己高高挂起。接下来分析道，陈友谅固然势力强大，但也不是没有弱点。陈友谅性格彪悍，嗜杀成性，杀害领袖胁迫下属，他的部下表面上忠心不贰，其实内心有很大的怨气，长久下来内部矛盾重重，军心不稳。最后说，抓捕野兽就要先抓住最凶猛的那只野兽，抓贼也首先对最强的贼下手。如果先攻打陈友谅，一旦成功地占领陈友谅的地盘，那么逐鹿天下便指日可待了。

刘伯温进一步分析，抵抗有两种战略：一种是东西两线同时作战，可是兵力一分，必败无疑；另一种是迅速集中优势兵力，击破陈友谅强敌，反身再打另一线，这还是两线作战，不过区别了轻重缓急。经过和刘伯温对东西两线敌人的综合分析比较，朱元璋思路清晰起来，他决定集中一切兵力先打陈友谅，造成对张士诚的强大军事威慑，使其不敢轻举妄动，东面威胁自然而解。

最后，刘伯温给出了拒敌的军事策略——"诱之深入而伏兵邀取之"。刘伯温果断抗击的勇气和具体而微的作战方略，更加坚定了朱元璋抗击陈友谅的决心。诱其深入的军事策略被朱元璋所采纳，"以逸待劳，何患不克"的预见，果然被这一战役的结果所证实。

四、龙湾大捷

朱元璋与陈友谅交战，取得大胜，是为著名的龙湾大捷，在元明易代过程中占据重要地位，刘伯温是本次战役的最为重要的谋士。

至正二十年（1360），陈友谅暗置伏兵，以察看作战地形为由，将徐寿辉诱骗至太平附近的采石镇，将其杀害。陈友谅自立为帝，国号汉，改年号为大义，以江州为都城。当时正是盛夏时节，天热多雨，登基仪式就让陈友谅给赶上了。大雨不期而至，很多人的冠服都被淋得透湿，所以一些必要的规矩，礼节都省了。陈友谅在完成了登基仪式之后，便派人到张士诚处知会，并请求张士诚能够在东线配合一下，联合对抗朱元璋。张士诚只是在心里一笑了之，不过最后象征性地表示了一下而已。其实，张士诚心里正打着如意算盘，就在这里坐山观虎斗，看着热闹，既不援助陈友谅，也不帮朱元璋。因为张士诚并无一统天下之志，只想守着自己所占据的地盘，偏安一隅罢了。

陈友谅倚仗兵力和实力强大，要东取应天。由于陈友谅势力太强，而且他的战船非常大，大得惊人，远远胜过朱元璋，而朱元璋担心一旦陈友谅和张士诚联合，自己腹背受敌，那就糟糕了。刘伯温出的计谋是诱敌深入，"诱之深入而伏兵邀取之"。刘伯温的诱饵是康茂才。因为康茂才是陈友谅的老朋友，两个人有着不错的交情。康茂才以前是元将陈野先的部下，他帮着陈野先守集庆。后来包括集庆在内的陈野先地盘全部被朱元璋攻下，陈野先带领手下只好投降，但这是诈降。陈野先投降后，为郭天叙所用，不久后陈野先杀了郭天叙逃出去和元军会合。元军不知道陈野先之前是诈降，几个不明真相的元兵就把陈野先给杀了。同样是一起来投降的康茂才就比较受朱元璋青睐，他真心实意地投降了朱元璋，被封作秦淮翼水军元帅。不过按照刘伯温的谋划，他还要假投降一次。

康茂才按照刘伯温的指示，偷偷派信使跑到汉军阵营里表示愿意把他的军队带到金陵城守卫最薄弱的地方，和陈友谅来一次里应外合，彻底把朱元璋消灭。陈友谅大喜。信使还说："康将军在江东桥驻守，江东桥为一座独木桥。"信使回来后，康茂才把情况一五一十跟朱元璋做了报告。朱元璋马上下令叫人把江东桥拆了，建成一座铁石桥。陈友谅的事业发展得太顺利了，在这件事情上缺乏冷静的思考，误信了康茂才。

三更半夜，天黑月高。陈友谅带着十几万汉军悄悄向金陵城外的江东桥出发。那是他和康茂才约好里应外合的地方。但他惊奇地发现这座桥不是信使讲的那样是一座木桥，而是一座铁石桥，他并没有怀疑康茂才是在说谎。他宁愿相信那只是康茂才的一点疏忽，他继续着和康茂才的约定，却迟迟不见康茂才的出现。待他清醒时，方知为时已晚。康茂才率领伏兵从侧后方猛攻毫无准备的汉军。黑暗中陈友谅根本摸不清状况，也不知道这里还有多少伏兵。他想到的第一个念头是千万不要掉入朱元璋的埋伏圈。而对陈友谅来说，更不幸的事情又发生了——天突然下起了雨。

于是红旗举起，朱元璋命令部队前往攻打陈友谅立于龙湾的营寨，诸军无不奋勇争先。正在大战之际，陈友谅又亲率大军赶来参战，双方刚开始全面接战，雨恰好就停了。

于是朱元璋命人把鼓敲响，西边的人听到鼓声便将黄旗挥舞起来。接着，冯国胜、常遇春的伏兵迅速杀出，徐达的部队也很快赶来，张德胜、朱虎的水师也一同前来。眼看四面八方全是朱元璋的部下，他们内外合击，一下子就把陈友谅给打蒙了。当时双方军队的数量差不多，可谓旗鼓相当，只是由于龙湾地区地势狭窄，陈友谅的汉军又大多处于战船上，大兵无法展开，所以才吃了大亏。

打了没一会儿，陈友谅的阵脚就开始大乱，于是败局一发不可收拾。已经上岸的汉兵不得不赶快回到船上准备撤退，偏巧此时潮水消退，很多大船都被迫搁浅，一时动弹不得。陈友谅遗弃巨舰百余艘，乘小舟逃回江州。一战下来，汉军被杀的、淹死的不计其数，光是被俘的就达两万多人。而且，朱元璋还缴获了巨舰名"混江龙""塞断江""撞倒山""江海鳌"者百余艘及战舸数百，可谓是大获全胜。

刘伯温进言，要直接进攻陈友谅的老窝江州。为此，朱元璋召开军事会议，决定溯江西伐。他在"龙骧"巨舰上高高竖起一面大旗："吊民伐罪，纳顺招降。"朱元璋这一手干得漂亮，自从徐寿辉被陈友谅杀死后，不少徐寿辉旧部投奔朱元璋。那些无法逃离的徐寿辉属下则盼望着陈友谅早日倒台，因此对朱元璋的仗义之举很感动。陈友谅为人嫉贤妒能，自从杀害徐寿辉后，部将多有不服。朱元璋审时度势，算准陈友谅将帅不和，军心离散，不失时机地举起道义大旗，向陈军发起猛攻。

经小孤山时，陈友谅大将傅友德、丁普郎主动率部投降。朱元璋早闻傅友德的勇名，大喜过望，立刻把他擢为大将，派他去江西招谕诸郡归附。

由于朱元璋行动迅速，陈友谅根本不知道对方竟来江州施行攻击。忽然之间，陈友谅发现朱元璋的水师舰队在江州城外江面上密密连成一片，真如神兵天降。刘伯温辅助朱元璋指挥水军分两路夹击江州。陈友谅仓促间不能成军，只得偕妻子率亲随逃奔武昌，苦心经营多年的根据地，一朝为朱元璋所据。朱元璋大军缴获战马两千余匹、粮食数十万斤以及降兵无数。攻克江州后，刘伯温还直接促成龙兴守将降附。陈友谅所属江西行省丞相胡廷瑞、平章祝宗派遣使者郑仁杰到江州求见朱元璋，请降但提出拥有旧部、不要改编的要求。在朱元璋犹豫难决之际，"基从后踢胡床，太祖悟，许之"，并致信胡、祝二人，以释其虑。

至正二十一年（1361）正月，朱元璋亲自到龙兴受降，并改龙兴路为"洪都府"，以叶琛为知府。其后，宁州土官陈龙、吉安，元帅孙本立、龙泉守将彭时中也相继归附朱元璋。朱元璋又趁势攻取信州、袁州。

朱元璋意欲赏赐刘伯温，但被其婉言辞却。出山伊始，刘伯温即显示出了卓越的军事才华，成了朱元璋的主要谋士，备受推崇。一时间，刘伯温的光芒盖过了朱元璋先前所有的谋士，成为他最信赖的军师。

五、归乡丁忧

至正二十一年（1361），刘伯温母亲富氏病逝。根据儒家传统的孝道观念，官员在位期间，如若父母去世，则无论此人任何官何职，从得知丧事的那天起，必须辞官回到祖籍，为父母守制二十七个月，称丁忧。当然有一种情况，可以不用回老家丁忧的，那就是皇帝要求你留下来，称夺情。万一某个朝廷重臣回老家丁忧未满，突发大事需要他回京城帮助皇帝解决，经过皇帝同意，那么他也可以丁忧一段时间就可以官复原职，称起复。当时正值朱元璋西征陈友谅，刘伯温欲归故里祭奠母亲，朱元璋诚恳挽留，亲撰《御制慰书》：

今日闻知老先生尊堂辞世去矣。寿八十余岁，人生在世，能有几个如此？先生闻知，莫不思归否？先生既来助我，事业未成，若果思归，必当宜宽。于礼我正当不合解先生休去，为何？此一小城中，我掌纲常，正直教人忠孝，却不当先生归去。昔日徐庶助刘先主，母被曹操将去，庶云："方寸乱矣，乞放我归。"先主容去，使致子母团圆。然此先生之母若生而他处，以徐庶论之，必当以徐庶之去。今日老母任逍遥之路，踏更生之境，有何不可？先生当以宽容加餐，以养怀才抱道之体，助我成功。那时必当遣官与先生一同回乡里荐母之劬劳。岂不美哉？

　　诚意至此，刘伯温不好再坚持。接下来的半年多时间里，刘伯温只好继续在军前效力。此后，朱元璋大军直取南康、建昌、饶、蕲、黄、广济等州县，尽占江西大部和湖北东南部。其间，刘伯温出谋划策，一直担负着重要的战略指导角色。

　　至正二十二年（1362）初，东西两线战局得到了暂时的稳定，刘伯温得以归里祭母。可是，朱元璋吞并土地的速度太快，招降的军队又太多，渐渐有些消化不良，出现了很多不稳定因素。从全局来看，孰胜孰负，尚不明朗，因为降将复叛的现象时有发生。

　　同年三月，洪都降将祝宗、康泰叛乱，刘伯温好友叶琛遇害。在刘伯温归里途经衢州时，金华苗军元帅蒋英、刘震、李福反叛，杀害了金华守臣参政胡大海、郎中王恺等人，并写信给衢州、处州两地的苗军，相约同时起兵。处州苗军元帅李祐之、贺仁得等闻讯后随即反叛，杀害了行枢密院判耿再成、都事孙炎等，浙东为之震动。衢州城中也有人试图起兵响应，到处人心惶恐，衢州守将夏毅被这危急的情势吓得无所适从。刘伯温至衢州后，立即着手安抚民众，又致书金华、处州各属县，告诫要固守各地，安定民心。其后，会同平章邵荣、元帅王佑、胡深等兵攻处州，逼得李祐之自杀，贺仁得被缚，槛送应天问斩，处州得以恢复安宁。金华叛军也由于李文忠发兵平叛而逃走，投奔张士诚，金华又重新被朱元璋收复。直到浙东局面得到稳定刘伯温才回家祭母。

刘伯温居家丁忧的一年中，朱元璋曾数次写信询问军事，言辞十分恳切，盼望他早日再回应天。从其书信中可以看出刘伯温的佐命之功："愚与先生自江西别后，屡有不祥，皆应先生前教之言，幸获殄灭，疆域少安，收兵避署。遣人专诣先生前，虔求一来，望先生发踪指示耳。日夜悬悬，六月二十二日克期回得教墨，谕以六月七月间、举兵用事，不利先动，当候土木顺行，金星出现则可。使愚一见教音，身心勇跃，足不敢前，如此者何？……望先生以生民之念，德教为心，早赐来临，是所愿也。如或未可即来，可将年、月、吉日、时辰、方向、门户择定，密封发来，实为眷顾。惟先生亮察不备！"

从这封信中可知，朱元璋对刘伯温观天象的本事很是信服，似乎达到了膜拜的程度。中国自古就有观星象变化预测吉凶的传统，其中既有人类长期的直观的经验积累，又具有一定的迷信成分。刘伯温投靠朱元璋之后，预言天气风云变幻屡屡成功，深得朱元璋信赖，许多红巾军士兵也将其看成可以呼风唤雨的军师，甚至被神化。对此，刘伯温不加辩解，但是绝不能简单地把刘伯温看成占星术士，这其中有他博大精深的知识储备和严密的推理。

朱元璋期盼刘伯温早日回归帐下，给他出谋划策。当然，刘伯温在归乡丁忧期间，也时常向亲友诉说朱元璋的恩惠，并为招抚方国珍做好了战略准备。朱元璋为求南线安稳，招抚方国珍，授予他福建等处行中书省平章政事，但是方国珍以身体原因为托词，推而不受。但是方国珍看到朱元璋的队伍日益壮大，也不敢得罪，于至正二十一年（1361）向朱元璋进献金玉马鞍，但是朱元璋也不受，关系很僵化。刘伯温丁忧期间，方国珍主动遣人来示好。刘伯温一直以来主张剿灭方国珍，现在又是朱元璋的重要谋士，方国珍心生畏惧。但刘伯温因事而为，毕竟方国珍占据温、台、明三郡，向朱元璋禀告之后，劝其降附。

刘伯温在南田丁忧的时间从至正二十二年（1362）四月到至正二十三年（1363）正月，只用了九个月时间。显然，朱元璋实在太需要他了，他被朱元璋起复了。

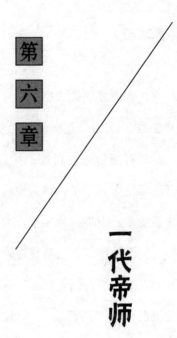

第六章 一代帝师

一、洪都之战

陈友谅在龙湾之战失败后，一直心有不甘，于是重新调整了队伍，并加强了战船。此次的战船更强大，高有好几丈，分三层，每层骑兵都可以来去自如，并且战船外包铁皮，坚固无比。在陆上打造吕公车，这是一种大型攻城器械。车起楼数层，内藏士兵，外蔽皮革，以牛拉或人推，可出其不意推至城下，因与城同高，可直接攀越城墙，与敌交战。靠着这些精良的装备，陈友谅觉得胜券在握。与此同时，原属陈友谅阵营的龙兴将领投诚朱元璋，龙兴路已为"洪都府"，让陈友谅始料未及。但这次陈友谅明显吸取了龙湾之战的教训，他没有立即出兵抢回洪都，而是等待时机，等待朱元璋的破绽。

至正二十三年（1363），张士诚出兵攻打韩林儿和刘福通所在的帝都——安丰。自打红巾军领袖韩山童的儿子韩林儿称帝以来，凡事都由刘福通做主，刘福通桀骜不驯，一意孤行，兵分三路北伐是他指挥上的失误。同时，红巾军虽然声势浩大，占领了大片土地，但是内部组织松散，各自为政，加上狭隘的小农意识，军纪不严，战斗力不强，慢慢地被元军逐个攻破。韩林儿和刘福通不敌张士诚手下大将吕珍的围攻，求助于朱元璋。面对安丰的求助，朱元璋左右为难，名义上小明王韩林儿是君，"圣谕"难违，但是自己还有鸿鹄之志，如果救了小明王，如何安置他。刘伯温出于战略角度，不建议前去营救，反对的理由是如果朱元璋出兵去救援安丰，后方空虚，陈友谅很有可能趁机攻打应天。如果陈友谅有异动，张士诚、方国珍、陈有定绝对不是等闲之辈。朱元璋最终力排众议，亲自统兵出征，前去搭救韩林儿。朱元璋大军日夜兼程，十余日赶到安丰城外围，士兵英勇作战，死伤无数，胜败未见分晓。刘伯温献计，组建千人先锋，冒死冲出重围，到城下营救韩林儿。刘福通在城内簇拥小明王突围而出，跟营救队伍会合。激战过程中，刘福通被长枪所刺，不幸身亡。红巾军中最有号召力的人物去世，对朱元璋来说是机遇。最终安丰失守，朱元璋救回了小明王韩林儿。

朱元璋将小明王护送至滁州，留二万人保护他的安全。同时，朱元璋打造临时宫殿，将韩林儿安置于此，把皇宫侍臣都换成自己的部下。朱元璋救驾有功，小明王于至正二十三年（1363）四月，封赠朱元璋祖宗三代。至此，朱元璋的身份和威望无比显赫。

陈友谅反攻的机遇来了，但是他行动迟缓，一直到朱元璋把小明王送到滁州才开始行动。至正二十三年（1363）四月，陈友谅率领号称六十万的汉军，全员向洪都进发，而非应天，对朱元璋的威胁不是致命的。

洪都，坐落在鄱阳湖与赣江交汇处，自古称"襟三江而带五湖，控蛮荆而引瓯越"，就是以三江为衣襟，以五湖为衣带，控制楚地，连接闽越。此处具有极高的战略意义，历来是兵家必争之地。朱元璋控制了江西地区以后，派了侄子朱文正驻守洪都。长江中游地区的陈友谅一直想吞掉朱元璋的势力，但几度东征都不胜而归。至正二十三年（1363），趁朱元璋率兵北进之时，陈友谅统率六十万水军，几乎是倾巢而出，数百艘巨舰，东征战吴。汉军铺天盖地而来，此时朱元璋已回到应天，但主力仍由徐达率领正在围攻张士诚的重要军事基地——庐州，就算挥师西援，以朱元璋的实力，也很难与汉军抗衡。因此，为了争取更多的备战时间，朱元璋给洪都方面下达了命令：誓死保卫洪都，等待大军来援！洪都守将朱文正接到这道命令后，迅速部署，分配兵力防守各个城门。接下来，朱文正将要面对的是庞大的汉军。

六十万汉军在陈友谅统一指挥下，对洪都城发动了一次又一次的猛攻，城楼上的守军与敌军展开了殊死的战斗，他们坚信援军会到来，可以守住洪都。为了鼓舞将士，朱文正亲自统率亲兵，登上城楼，与士兵一同作战。与朱文正一起守洪都的，还有被称为"天下第六名将"的邓愈。邓愈是个擅长使用火器的将领，敌军一度攻破抚州门城墙，闯入城中，朱文正派遣邓愈领兵前去御敌，邓愈带兵持火枪轮番射击攻入城中的敌军，汉军纷纷倒下，余下的看到火器杀伤力这么大，十分畏惧。在洪都守军的强硬反击之下，汉军只能退出城外。朱文正连忙派人修补城墙。

于是，抚州门一直没有攻下。陈友谅决定换个门打，攻打新城门。守城门的是薛显，这次陈友谅把他的新的装备——吕公车都推了出来。吕公车形体巨大，往往能给对方以恐吓，但同时它行动笨重，易受攻击，且受地形限制，所以实战效果不佳。突然，城门开了，薛显出现了，汉军激动万分。瞬间，薛显神勇大喝，领兵上前拼杀一番，把汉军杀得猝不及防、溃不成军，吕公车也忘了用了。然后，薛显又神气地回城，关上城门。

由于洪都将士奋战死守，陈友谅六十万大军围攻洪都八十五天，未能破城。陈友谅不禁叹道："朱元璋座下猛将如云，竟还有朱文正此等军事奇才，若能效力于我，势必如虎添翼！"

二、决战鄱阳

至正二十三年（1363）七月，朱元璋终于集结了二十万大军到洪都援救。陈友谅汉军久攻不克，士气低迷，又闻朱元璋援军已到，便撤出洪都之围，东出鄱阳湖迎战朱元璋。陈友谅的汉军号称六十万大军，经过洪都之围兵力折损了一些，主力依然存在，而朱元璋战队只有二十万人，汉军水兵装备高端，气势浩大，而朱元璋战队多是小船木橹。朱元璋阵营明显处于劣势，但军纪严明，将士一心；陈友谅性情暴躁，军纪涣散，战斗力缩减，后路被堵，军士毫无斗志。

七月六日，朱元璋亲率水军二十万，往救洪都。十六日进抵江西湖口。首先派兵守住泾江口，另派一军屯于南湖嘴，切断陈友谅归路；又派兵扼守武阳渡，以防汉军逃跑；朱元璋则亲率水师由松门进入鄱阳湖，形成关门打狗之势。陈友谅听说朱元璋大军来援，即撤洪都之围，东出鄱阳湖迎战。一场规模空前、激烈异常的生死大决战，就此在鄱阳湖面展开。

二十日，两军在康郎山湖面遭遇。时汉军巨舰联结布阵，展开数十里，"望之如山"，气势夺人。朱元璋针对其巨舰首尾连接，不利进退，将己方舰船分为二十队，每队都配备大小火炮、火铳、火箭、火蒺藜、大小火枪、神机箭和弓弩，下令各队接近敌舰时，先发火器，次用弓弩，靠近敌舰时再用短兵器进行格斗。

次日，双方展开激战。朱元璋大将徐达身先士卒，率舰队勇猛冲击，击败汉军前锋，毙敌一千五百余人，缴获巨舰一艘。俞通海乘风发炮，焚毁汉军二十余艘舰船，汉军被杀和淹死者甚众。朱元璋部下伤亡也不少，尤其是朱元璋座舰搁浅被围，险遭不测。战斗呈胶着状态，从早晨至日暮，双方鸣金收兵，战斗告一段落，双方互有伤亡，不分胜负。

二十二日，朱元璋亲自率领水师出战。但汉军舰巨大，朱元璋的军舰小而不能仰攻，接连受挫。这时朱元璋及时采纳了部将郭兴建议，决定改用火攻破敌。刘伯温观天象，料得黄昏时分湖面上会吹起东北风。果真如此，朱元璋选择勇士驾驶七艘渔船，船上装满火药柴薪，迫近敌舰，顺风放火，风急火烈，迅速蔓延。一时烈焰飞腾，湖水尽赤，转瞬之间烧毁汉军数百艘巨舰，汉军死伤过半，陈友谅的两个兄弟及大将陈普略均被烧死。朱元璋挥军乘势发起猛攻，又毙敌二千余人。

二十三日，双方又有交锋，陈友谅复仇心切，集中火力猛攻朱元璋所在战舰，利用火弹攻击。朱元璋和刘伯温同处一艘战船，就在朱元璋镇定指挥战役时，被刘伯温拽住手腕狂奔并跳到临近的一条战船上，朱元璋刚稳住神，发现原来乘坐的战舰被火弹击碎，死伤无数。朱元璋幸运逃过此劫，将帅旗高悬于另一支战舰之上，陈友谅的汉军原以为将朱元璋击中，不承想朱元璋还在另外一艘战舰指挥，相望失色，收兵回营。刘伯温在这场战役中精准把握战场时态，使得朱元璋化危为安。朱元璋刚刚移往他舰，原舰便被陈军击碎。

二十四日，俞通海等人率领六艘军舰突入陈友谅军舰队伍，勇敢驰骋，势如游龙，如入无人之境。朱元璋阵营士气大振，发起猛烈攻击。最后，汉军不支败退，遗弃的旗鼓器仗，浮蔽湖面。陈友谅只得收拢残部，转为防御，不敢再战。当天晚上，朱元璋乘胜进扼左蠡，控制江水上游，陈友谅亦退保诸矶。两军相持三天，汉军屡战屡败，形势渐越不利。陈友谅麾下左右金吾将军先后带领自己的部下投降了朱元璋，汉军内部军心动摇，力量更加削弱。陈友谅又气又恼，下令把抓到的俘虏全部杀掉以泄愤。而朱元璋却反其道而行之，将俘虏全部送还，并悼死医伤，瓦解汉军士气，从而大得人心。汉军内部分崩离析，士气更加低落。刘伯温判断汉军可能突围退入长江，于是移师湖口，在长江南北两岸设置木栅，置大舟火筏于江中，就是将战舰全部移往湖口，封锁鄱阳湖通向长江的水路通道，关门打狗。又派兵夺取蕲州、兴国，控制长江上游，堵敌归路，待机歼敌。

七月二十八日，朱元璋大军粮草已达洪都，陈友谅部商量对策，举棋不定。经过一个多月的对峙，陈友谅被困湖中，军粮殆尽，计穷力竭。于是孤注一掷，冒死突围。

八月二十六日，由南湖嘴突围，企图进入长江退回武昌。行至江西湖口时，朱元璋以舟师、火筏四面猛攻，汉军无法前进，复走泾江，又遭傅友德伏兵阻击，左冲右突，打不开生路，陈友谅中箭而死，军队溃败，五万余人投降。

此次水战，从七月二十日开始到八月二十六日结束，前后历时三十七天，其时间之长、规模之大，投入兵力、舰只之多，战斗之激烈都是空前的。

至正二十四年（1364）二月，朱元璋攻下武昌，陈友谅的儿子陈理投降，朱元璋的势力扩大到原陈友谅的所属地区，陈友谅建立的"汉"国就此灭亡。

刘伯温在此次大战中准确预测天气变化，妙计连连，尤其是"移师湖口"之策，彻底歼灭了陈友谅。朱元璋部大获全胜，这场战役过后，朱元璋拜刘伯温为军师，将刘伯温奉若神明。

三、东战士诚

至正二十四年（1364），朱元璋被推举为吴王，建百官司属，仍以龙凤纪年，以"皇帝圣旨，吴王令旨"名义发布命令。因为在此前一年，张士诚已自立"吴王"，故历史上称张士诚为"东吴"，朱元璋为"西吴"。朱元璋攻破武昌城，陈友谅的"汉"国崩塌。朱元璋入城之后军纪严明，有王者之师风范。随后，朱元璋又顺利拿下湖广行省的一部分，加上原陈友谅占据的江西，朱元璋统辖范围内的人口增加了两倍，经济实力扩充了五倍以上。此时，天下的格局是：川蜀的明玉珍只想守住原有地盘，西线无战事；南线元军和大都的联系已经被朱元璋彻底截断，势单力薄；北线一有浩浩长江做屏障，二有俞家水军严阵守卫，无人敢犯；东线张士诚日渐强大，对朱元璋形成威胁。

张士诚与元朝的关系反反复复，时叛时降，这大约跟他的出身和贩盐经历有关。张士诚"生性迟重，不多说话，待人宽大，但没有一定主见，只想守住这块基业，怕冒险吃亏出差错。大将大臣们都是当年走私的江湖兄弟，做错事以致打了大败仗，也不忍责备，赏罚不明"。

刘伯温分析"士诚最富，友谅最强"，"友谅志骄，士诚器小"，友谅生于打鱼人家，惯见风浪，野心大欲望强，志骄的好生事，器小的没长远打算。所以，他断言：士诚做过盐贩子，遇事斤斤计较，顾虑多，疑心重。后来证实，刘伯温对张士诚的"人品"判断准确。张士诚是淮南泰州人。泰州地近海滨，民众多靠晒盐过活，但官府赋税劳役很重，民怨沸腾。张士诚年少时是会武术、讲义气的小流氓，兄弟几个以撑船贩私盐为业。贩私盐利润高，张士诚又轻财帛，乐意周济贫困，很得人心，私盐贩子公推其为头目。适逢各处起兵反元者众，至正十三年（1353），不甘受官府和地方豪强欺压的张士诚，率几兄弟在内的"十八壮士"起义。他招徕贫苦盐丁和无业游民，攻下泰州、高邮，占据三十六处盐场，并自立为"诚王"，国号大周。至正十六年

（1356），张士诚建都隆平府（今苏州）时，势力范围几乎覆盖了江南大部分富庶地区。

至正十七年（1357），朱元璋派徐达率大军扫荡江南、围攻宜兴之际，连战不利的张士诚只好接受元朝江浙右丞相达识帖木儿的劝诱，再次降元，被封为太尉。

张士诚此番降元，其实也是三心二意。在此后六七年里，他打着官军的招牌，南侵江浙，北逾江淮，南边占领了杭州、绍兴，北边势力一直伸展到济宁（今山东境），拥地二千余里。

元朝方面的达识帖木儿之所以急于招降张士诚，且容忍他不断扩张地盘，也有自家的苦衷。原来自从红巾军纵横江淮一带后，南北漕运断绝，大都（今北京）缺粮，快支撑不下去了。他们要解决南粮北运的难题，不能不对控制江南的张士诚及称雄江浙沿海的方国珍实行安抚政策。

至正二十年到至正二十三年（1360—1363），"士诚出粮、国珍出船"，总算每年能海运十几万石粮食北上大都，为苟延残喘的元朝多续了几年命。其间，张士诚也曾试图大举进攻，收复被朱元璋夺去的失地，可是在修筑一新的宜兴城下遭到杨国兴挫败，泄了元气，再无余力反扑。

在刘伯温辅佐下，朱元璋攻打张士诚。从军事实力分析，张士诚兵多但将不广，手下只有吕珍等几个名将。而朱元璋手下强将如云，淮西二十四将中年轻一代将领蓝玉、沐英等还未崭露头角。陈友谅手下尚有邹普胜、张必先、张定边这样的猛将，摇摇欲坠的元朝也还有察罕帖木儿和王保保两父子奋力守护。朱元璋和张士诚之间的较量是一种不在一个等级上的较量，实力相差悬殊。

刘伯温主张朱元璋攻打张士诚的军事攻势是分三步走：一是先取淮东，翦除其羽翼，攻克淮河水域的通州、兴化、盐城、泰州、高邮、淮安、宿州、安丰诸县，逼迫张士诚的势力收缩到长江以南；二是扫荡浙西，切断其肘臂，形成合围平江（今江苏苏州）的态势，攻克湖州、嘉兴、杭州等城镇；三是最后合围平江，消灭张士诚。为了迅速稳妥地解决张士诚，朱元璋把这个任务交给了他最信任的大将徐达。

徐达，字天德，濠州钟离（今安徽凤阳）人。徐达出身农家。元朝末年，徐达参加了朱元璋领导的起义军，为淮西二十四将之一。至正二十四年（1364年），被任命为左相国。

八月，张士诚逼死元浙江丞相达识帖木儿，势力大涨。其势力范围南至绍兴，北有通州、泰州、高邮、淮安、徐州、宿县、濠州、泗州、济宁等州，西面在宜兴、常州、江阴一线与朱元璋相接。

至正二十五年（1365年）十月，徐达被任命为总兵官，与常遇春一起，率兵攻取淮东。徐达挥兵北上，很快攻取泰州、高邮、淮安等地，并在徐州击退元军主力的进攻，俘斩元兵万余人。仅半年时间，淮东诸地悉被攻克，张士诚的势力已被压至江南浙西地区。朱元璋进攻张士诚的第一步基本实现。

至正二十六年（1366），朱元璋任命徐达为大将军，常遇春为副将军，统率二十万大军攻打张士诚。张士诚以平江（今江苏苏州市）为中心，以湖州、杭州为其羽翼，抗拒徐达、常遇春的进攻。徐达认为，湖、杭两州系张士诚的左右臂，左右臂被斩断，平江唾手可得，遂向朱元璋建议先攻湖州、杭州。湖州守军兵分三路来拒徐达，徐达亦分兵三路战，并派骁将王国定断敌归路。敌力战不支，退入城中固守。此时，张士诚派吕珍等率兵六万来援，兵屯旧馆（今浙江吴兴东），牵制徐达。徐达认为，敌羽翼未除又生羽翼，如不除掉援兵，湖、杭二州亦难攻克。于是，决定暂停攻城，先派兵夜袭敌援兵营地，切断吕珍军粮道。旧馆援兵因粮饷不继，降者甚众。旧馆被拔除，湖、杭二州不久亦相继攻克。张士诚的左右臂被砍断，平江已成为孤城。

徐达统率大军进逼平江。他屯兵于葑门外，其余常遇春、郭兴、华云龙诸将分段屯驻。九月，平江城中粮尽，军民以枯草老鼠为食。张士诚身陷绝境但仍不投降。十一月，徐达下令全军强攻破城，城下战鼓擂动，火炮齐鸣，二十万大军杀声震天，将士人人奋勇争先。徐达督军首先攻破葑门，常遇春攻破闾门水寨，直逼城下。

张士诚出城硬拼，实在是实力不够，还有出城的路都被堵死了。城内火药等战略物资也极其有限，坚持不了多久，对于张士诚来说，已经没有后方了。纵然用打地洞暗暗出城，也是极不可取的，因为平江是个河道纵横的地方，一不小心挖到河道，河水倒灌可不是小事，突然地质坍塌的话，几万士兵顷刻被灭。好在平江城墙够坚固够高大，徐达一时半会儿也攻不进来。不过，徐达也根本就没有打进去的意思。刘伯温指挥军中缓急，让他别着急，慢慢来。就这样，徐达围了平江整整七个月，这应该是中国历史上少有的久围攻城战了。

尽管张士诚没有什么好的办法突围，但不代表他不会挣扎。张士诚周密布置了十天，决定发起一次突围战。挑选了一大批精干将士，从平江城西杀出。防守西门的正是猛将常遇春。常遇春没想到张士诚和他的那帮手下突然变得那么勇猛，个个勇不可当。常遇春逐渐感觉承受不了攻势时，张士诚的弟弟张士信（明史上称其"性荒淫，务酒色"）站在城门上大喊休兵，张士信还担心集中精神战斗的士兵听不到他声音，就奋力鸣金。张士诚那帮人听到城楼上传来阵阵的鸣金退兵声音，都愣住了。犹豫片刻，就给了常遇春调整的机会。他带兵重新振作起来，转过头猛攻正在质疑退兵的张士诚等人。张士诚和他的手下显然已经步调错乱，思想难以统一，加上常遇春一冲击，被打得溃不成军。张士诚带兵逃回城里，再也不敢出来了。张士信后来在城楼上视察时，被火铳击中，随即身亡。

又过去了三个月，平江已经被徐达围困了十个月。对平江城里的人来说这是非常难熬的一段时间。平江城里已经没有什么可吃的东西了，据说老百姓刚开始还可以抓到老鼠吃，最后连老鼠都被抓完了，只能把皮靴马鞍等生活用品拆了煮起来吃。武器就更少了，连寺庙民房的木料都拿去制作火铳。

不得不说，张士诚还是很得民心的。即便大家都饿得半死不活，也没有人想反叛。张士诚不忍心连累别人跟着自己受苦，他召集平江城里的老百姓开会，表示愿意把自己绑起来，出城投降，免得以后城被攻破而让老百姓遭到屠杀。老百姓听完，纷纷匍匐在地上大哭，发誓要和张士诚死守平江。城在人在，城亡人亡。

朱元璋坐镇应天，迟迟得不到徐达攻破平江的好消息，只得派刘伯温前去解围。而此时刘伯温正在忙着卜地建宫，筹备设计新首都整体规划方案，作为太史令的他，还有制定历法的事情。刘伯温临危受命，带着吴王令旨和朱元璋的贴身宝剑，由百名士兵护送到平江。刘伯温到了后，实地考察了一番，经过了十个月的围攻，姑苏古城已经受到了严重的破坏，坚固的城墙上，到处都是火炮火铳留下的印记。刘伯温让徐达暂停进攻，开始高筑墙，二十万士兵瞬间成了水泥工，建筑了十座高台，这些高台比平江城墙还高，分为三层，长五十余步，宽二十余步，能同时容纳上百名士兵以及多种作战物资。每层都可以安放火炮、火铳和强弩，上面还都加上了顶盖，名为"敌楼"，这样士兵就可以随时居高临下监视城中的动静了。只能说当初张士诚选择都城的时候不明智，平江是一座中心没有山的城市。根据南宋平江知州李寿明绘制的《平江图》来看，平江仅有的几座小山包在西边，但这几个小山包没有被囊括到平江的城墙里。敌楼的修筑工作很快就完成了。

又过两天，刘伯温调好时辰，亲自登上敌楼，拿起桃木剑，直指高空晴天，天空由闷热逐渐变得阴暗，狂风大作。几个时辰下来，天空下起了大雨，平江守城士兵都涌向门楼里躲雨。这时刘伯温指挥徐达全力攻城。敌楼里早已准备好的火炮、火铳和火箭，从四个方向同时开火，对着城墙猛攻，日夜炮打平江城，随着士兵的惨叫，坚守了十个月的城墙终于不堪重负，连续出现多处坍塌，留下了十几个缺口。西吴骑兵就顺着城墙缺口杀进平江城。张士诚除了拼命死守，实在想不出什么好的办法。

至正二十七年（1367）九月，张士诚令枢密唐杰上城督战拒敌，唐杰抵挡不住，缴械投降。参政谢节、潘元绍在城门扎营，此时看到大势已去，也相继投降。将及黄昏时分，张士诚军全线崩溃。徐达指挥全军从四面八方架起云梯，蚁附登城，冲入城内，与张士诚士兵展开激烈的巷战。平江城被徐达攻破。

暮色苍茫，平江城中的喊杀声已经微弱，张士诚跟夫人刘氏诀别，刘氏随后抱着两个孩子，自尽于齐云楼。张士诚也准备悬梁自缢，就在这时旧将李伯升奉徐达之命，前去劝谕张士诚。李伯升让随从赶忙将其解救下来，幸亏气息未绝，许久才缓过气来，但却闭目不语。徐达闻报，命将张士诚押送应天，听候朱元璋处理。最后，张士诚还是在看守之地自缢而亡。

张士诚永远地离开了这个世界。他不是一个合格的君主，但他捍卫了作为一个男人的尊严。这依然值得我们尊敬。平江的沦陷标志着江南这块富庶丰美的地盘全归朱元璋所有。而张士诚则走完了他轰轰烈烈的一生。至正二十七年（1367），他退出了历史的舞台，同时也结束了自己的生命。这一年，他四十七岁。

张士诚除了有昙花一现的短暂政绩外，还在于他为中国文学作出了难以磨灭的贡献。在元末的大动乱时代，张士诚主政的江南一直是天下大部分文人的避风港。他接纳救济了很多穷困潦倒的文人墨客，给予他们优越的待遇和创作条件。这其中就包括了《水浒传》的作者施耐庵、《三国演义》的作者罗贯中。施耐庵

《水浒传》中宋江的原型就是张士诚。他像宋江一样乐善好施，有人缘，好讲义气。这些文人们一定是感激张士诚的，他们从心底给他起了一个外号——及时雨，准确而贴切。

张士诚被灭，再次印证了刘伯温对陈友谅和张士诚的性情分析正确无误。其后，朱元璋所向披靡，消灭了方国珍的势力。朱元璋以李善长为右相国，徐达为左相国，常遇春、俞通海为平章政事，立长子朱标为世子，战袍战旗均为红色，打造铁甲，生产武器。与此同时，徐达北向山东讨元军，元军纷纷投降。刘伯温建议朱元璋此时称王不称帝，但一个新王朝正以不可阻挡之势逐步形成。

四、攻取元都

至正二十六年（1366），韩林儿应朱元璋之请南下，途中舟覆而死。在《明史》中多处有相关记载，如《明史·韩林儿传》说："太祖命廖永忠迎林儿归应天，至瓜步，覆舟沉于江。"这一年是龙凤政权十二年，小明王的红巾军朝廷从此灭亡。朱元璋宣布不再以龙凤纪年，"以明年（1367）为吴元年，建庙社宫室，祭告山川，命所司进宫殿图"。

至正二十七年（1367），朱元璋正式宣布为吴元年，"始设文武科取士"，并以刘伯温为太史令。刘伯温与李善长一起制定律令。五月，朱元璋初置翰林院；八月，圜丘、方丘、社稷坛成；九月，太庙和新宫殿相继落成。一切迹象都在表明一个新王朝即将形成。

而此时元大都，皇帝孛儿只斤·妥懽帖睦尔没有足够的权威，兵权在握的将领都各自雄霸一方，不听从朝廷的调配。而各地拥兵自立的势力，都是自行组建的义军，其中，最有实力的是王保保（扩廓帖木儿），还有李思齐、张良弼，他们之间也互相不服，经常有冲突。

朱元璋平定了南北实力强大的对手后，下一步的目标就是元大都。刘伯温分析局势，大都作为元朝历代皇帝经营的城市，城防一定很牢固，想在短期攻破并非易事。如果几十万士兵长期困在大都城下，士气肯定会大受挫伤。如果先打击汴梁的王保保，后灭掉李思齐、张良弼，再向大都进攻，势必会跟久经沙场的王保保、李思齐纠缠下去，进攻大都变得遥遥无期，那么，朱元璋称帝的话便名不正言不顺了。最后，朱元璋和刘伯温决定启用一个比较复杂的方案，大体分四步走。第一步，占领济南和益都（今属潍坊）一带，撤去大都的屏障，西取汴梁，占领河南江北行省西部，破除大都的藩篱；第二步，占领潼关，守住关陇军队东进的关卡，使关陇军队无法援助大都；第三步，集中兵力围攻大都，占领元朝都城；第四步，乘胜追击，占领关陇，统一北方。

朱元璋和刘伯温因为要筹备新王朝的具体事宜，所以不能随军亲征，把攻取大都的任务交代给徐达和常遇春。至正二十七年（1367）十月，朱元璋命徐达为征虏大将军，平章常遇春为副将军，率军二十五万人由淮入河，北伐中原。为减少北伐阻力，争取人民拥护，出兵之前，朱元璋特别告诫将士，师到之处，切勿杀掠。不仅如此，朱元璋又向北方人民发布檄文，提出"驱逐胡虏，恢复中华"的口号，对汉族各阶层人民产生了一定的号召力，所以北伐比较顺利。为了保障北伐，令留守江淮之部队加强戒备，以防元军袭击。

洪武元年（1368）四月，朱元璋得知徐达、常遇春所率北伐军已按既定撤屏蔽、剪羽翼、据户槛之方略，平定山东、河南，占据潼关，孤立大都。元朝大都之屏蔽已撤，外援隔绝，陷入了明军的弧形包围圈中。五月，朱元璋亲抵汴梁，听取前线将领的军事情况汇报，并讨论了下一阶段的战略步骤。根据当时元朝廷已陷入孤立无援的军事形势，徐达提出由临清（今属山东）直捣大都的主张，朱元璋表示同意。徐达遂决定由征虏右副将军冯胜守汴梁，江西行省左丞何文辉守河南（今洛阳），镇国将军郭兴等人镇守潼关，徐达率大军直取大都。

洪武元年（1368）六月初，徐达令河南各军向河阴（今河南武陟西南）集结，各卫粮船由济宁起航，保障后勤供应。七月，他又遵朱元璋之命，令都督同知张兴祖、平章韩政、都督副使孙兴祖、指挥高显等率益都、徐州、济宁之师集结于东昌，等待与河南诸军会师北进。七月初，明军出师汴梁（今河南开封），一路势如破竹，连克卫辉（今河南汲县）、彰德（今河南安阳）、磁州（今河北磁县）、邯郸、广平（今均属河北）。七月十一日徐达至临清（今属山东），遂令集结于东昌之师来会，且令参政傅友德开通陆路，都督副使顾时开通河道，于七月十五日水陆两路并进。师至德州，会征虏副将军常遇春、张兴祖、高显、毛骧、程华等出师北进。

洪武元年（1368）七月二十日下长芦（今河北沧州）、青州（今河北青县及天津静海等地），二十三日至直沽（今天津），二十五日徐达打败元军于河西务（今天津市武清东北）。二十八日克通州（今北京通县）。元顺帝见大势已去，遂于当日夜三鼓携太子、后妃出健德门，由居庸关逃往上都开平（今内蒙古多伦西北）。

八月初，徐达等进师攻取元都，至齐化门，令将士填壕登城而入。徐达本人亲自登上齐化门楼，杀死元朝监国宗室淮王帖木儿不花和右丞相张康伯等人，并俘诸王子六人，封存府库图籍宝物以及故宫殿门，令兵守卫，命令士卒不得侵暴抢掠，居民各安其业。同时，徐达遣将巡逻古北诸处关口，又命指挥华云龙经理大都，新筑城垣。

攻取大都之役的胜利，从根本上推翻了元朝的统治，使残存在各地的元军陷入群龙无首的境地，为朱元璋最终统一中国，夺取了战略上的绝对优势。

五、南征北伐

通过对天下大势的详细分析与准确把握，刘伯温推定朱元璋军队已经有了南北同时开战的实力。朱元璋为了早日问鼎中原，他确定了南征北伐同时作战的战略布局。此时北元尚有军队数十万，分据上都、秦陇、云南、四川、广东、广西、福建。洪武元年（1368）八月十五日，朱元璋命都督副使孙兴祖、都督金事华云龙留守北平府（今北京），徐达、常遇春挥师西向，攻取山西。同时，命冯胜、偏将军汤和由河南渡河北上，以策应攻晋主力。经过近五个月的艰苦作战，朱元璋军队于洪武二年（1369）正月，攻克大同，进而平定山西。这时盘踞在陕甘方面的尚有李思齐、张思道等十余万人。二月，徐达平定山西以后，迅即转攻陕甘，以求彻底完成此次北伐战略任务。三月，徐达率军入陕西，克西安、凤翔，迫元将李思齐率部十万奔临洮（今属甘肃）。朱元璋致书招降，右副将军冯胜往攻，李思齐出降。五月，徐达乘胜取平凉、延安。北元主力扩廓帖木儿部下精锐，被歼于兰州（今属甘肃）东。六月，常遇春回师北平（今北京），进克上都，元顺帝北逃应昌（蒙古鄂尔浑河上游东岸哈尔和林）。八月，徐达克庆阳，斩元将张良臣，占陕西。

自二月徐达派常遇春、冯胜渡河趋陕，至十二月击溃扩廓帖木儿败逃甘肃，山西归属，历时十个月。队伍相继攻克奉元路（今陕西西安）、凤翔、兰州、临洮、庆阳等重镇，基本上消灭了这一地区元军之势力。洪武二年（1369），北元兵袭扰原州、泾州、大同等地，皆被朱元璋军队击退。至此，朱元璋北伐灭元之战宣告结束，基本上实现了刘伯温战前拟定的战略计划。

洪武三年（1370），元顺帝驾崩，皇太子爱猷识理达腊袭位，改元宣光。朱元璋以扩廓帖木儿屡扰西北，命徐达为征虏大将军，李文忠、冯胜、邓愈、汤和为副将军，分路出击，先后克定西（今属甘肃）、兴和（今河北张北）、应昌等地，大败扩廓帖木儿所部，俘元郯王及平章以下将士八万六千余人，元嗣君爱猷识理达腊北走。邓愈率部自临洮进克河州（今甘肃临夏东北），安抚吐蕃，于是河州以西，朵甘、乌斯藏诸部归附。

北伐进军的同时，朱元璋下令南线部队全面出战，将南部元朝势力彻底扫除。朱亮祖率先挥师南下，行军迅速，出其不意攻克温州。不久，汤和、廖永忠主力部队前来会师，合力攻打方国珍。仅仅三个月，方国珍招架不住，遁入海岛之上。刘伯温极力主张下海追击，于是汤和领兵入海，穷追不舍。方国珍走投无路，派儿子方明完到应天请降，并带上自己言辞恳切的信。朱元璋正在筹备登基事宜，也便应许方国珍，并授方国珍广西行省左丞之职，这个职位是个虚职，方国珍只食禄不上任，拖了几年，后死于应天。

汤和与廖永忠在灭方国珍势力后，出奇兵克福州。福建陈有定仍效忠元朝。朱元璋与陈友定初次交战在至正二十五年（1365）二月。时陈友定攻处州（今浙江丽水），为朱元璋部将胡深打败，胡深、朱亮祖、王溥乘胜三路追击，遭陈友定伏击，胡深被俘。朱元璋平闽未获成功，想赎回胡深，派使者送来良马，陈友定一怒之下把胡深和使者都杀了。陈友定不图虚名，始终没有自己称帝。连京郊许多地区都不买元政府的账，他却在偏远的福建事元仍殷。陆路不通，他就派贡舶取道海路往大都，岁运粮数十万斤，船只损耗极大，抵达者仅十之三四。风雨飘摇的元政府能给的无非是升官，至正二十六年（1366），元朝廷封陈有定为福建行省平章政事。至正二十七年（1367）十月，朱元璋命胡廷瑞为征南将军，何文辉为副将军，率兵南征陈友定。同时，朱元璋又命汤和、廖永忠、吴祯等领舟师从海道攻福州（今福建福州），李文忠从浦城（今福建浦城）攻建宁（今福建建宁）。三路大军压境，人心惶惶。陈友定留兵二万守福州，自领精兵守延平。汤和部至福州，福州参政袁仁纳款献城，福州城破。守将降。朱元璋遣使者到延平招降陈友定。陈友定又杀使者，以其血混入酒中，与诸将共饮，誓死报元。杀使者容易，退大军难。洪武元年（1368）正月，建宁陷，汤和、廖永忠进围延平，陈友定出战失利，只好苦守。他又疑心部将叛变，逼得部将真的叛变。守十日，城内军器局火炮发，朱元璋军队误以为有内应，加紧攻击，延平城被攻陷。陈友定召谢英辅等心腹说："公等善为计，吾自死元耳。"穿好朝服，北向元大都叩拜，随后服毒自尽，未死。而后被汤和俘送应天，处死。福建遂为朱元璋所得。

洪武元年（1368）二月，朱元璋命廖永忠为征南将军，朱亮祖为副将军，由福建海道入广东，与先遣由湖南征广西的杨璟及江西赣州卫指挥使陆仲亨部互为掎角，进军两广。三月，杨璟克全州（今属广西）、武冈（今属湖南）等地。四月，廖永忠率部抵广州，元广东行省左丞何真势穷出降。诸路明军入广西，战至七月，相继攻取未下州县。

明玉珍霸据遥远的四川。明玉珍是随州（今湖北省随县）人，生于元天历二年（1329），世代务农为业，"身长八尺余，目重瞳子，素有大志"。至正十一年（1351），徐寿辉起兵，明玉珍集乡兵千余人屯青山，结栅自固。至正十三年（1353）冬，徐寿辉称帝，使人招降明玉珍曰："来则共富贵，不来举兵屠之。"明玉珍引众归降徐寿辉，任统兵征虏大元帅，隶属于倪文俊部，驻守沔阳。与元将哈麻秃战于湖中，右眼被流矢射中，伤愈后右眼失明，因此又被称为"明眼子"。至正十五年（1355），沔阳连年遭受洪涝灾害，军粮不济，于是倪文俊命明玉珍率领万余人，船五十艘、溯江而上，到巫峡一带筹粮。明玉珍军纪严明，秋毫无犯，以军功升奉国上将军、统兵都元帅。至正十七年（1357），明玉珍听取部将戴寿的建议，将水军分为两队，一队贮粮归沔阳，一队会合义军杨汉的部队攻取重庆，不成功则掠财物而还。明玉珍亲率大军从巫峡出发，攻克夔州（今重庆奉节）、万州，进而袭击重庆，击败完者都，生擒哈麻秃献给徐寿辉。明玉珍首先在普州（今四川安岳）击溃青巾军，乘势占领泸州、叙南（今四川宜宾），徐寿辉先后任命他为广西两江道宣慰使、陇蜀四川行省参政。明玉珍将嘉定城攻破后，将完者都、朗革歹、赵资等押回重庆，囚禁在治平寺（今重庆罗汉寺），欲使为己用。三人誓不投降，乃斩于市，以礼葬之，蜀人谓之"三忠"，于是四川诸郡县相继来附。

至正二十年（1360），陈友谅杀徐寿辉自立为帝，明玉珍与陈友谅断绝关系，命部将莫仁寿驻守夔门，不与相通，自称陇蜀王，以刘硕为参谋，立徐寿辉庙宇重庆城南，四时祭拜，并追尊徐寿辉为应天启运献武皇帝，庙号世宗。至正二十二年（1362），刘桢等人拥明玉珍称帝，国号大夏，以恢复汉族王朝的统治为号召，建元大统，都重庆。明玉珍立妻彭氏为皇后，子明升为太子。效周制、设六卿，以刘桢为宗伯，分蜀地为上川西道、下川西道、上川北道、下川北道、上川东道、下川东道、上川南道、下川南道共八道，更置府州县官名。大夏帝国在四川行省冉冉升起，令诸雄不敢小觑。

虽说明玉珍没有朱元璋的雄心壮志，但勤快务实。他在重庆那简陋的宫中睡觉时，唯一的那只眼只闭一半。他每天都要早起处理无数政务，太阳未升起，他就坐在办公桌前，月上柳梢头，他还在那里坐着。他每天接待的门客不计其数，听他们大谈治国之道。至正二十二年（1366）二月，由于明玉珍过度忧伤劳累，在病榻缠绵了一个月后驾崩，年仅三十八岁。此时，明升太子十岁。如果能给明玉珍多一点时间，朱元璋定会多一个劲敌。朱元璋听闻明玉珍去世，彼时正在攻打张士诚，他激动万分，灭大夏帝国应该不费吹灰之力。洪武二年（1369），朱元璋派人向明升送去了劝降信，明升在大臣们的鼓动下，不愿意投降，于是与明军打了几仗，但根本不是对手，在母亲的建议下只好选择投降。

朱元璋并没有杀这个小皇帝明升，而是封明升为归义侯，并赐居京城。朱元璋不杀他，其实也是做给天下人看的，让那些归顺大明的人放心。如果杀了明升，就再没有人敢向他投降了。明升在京城和陈友谅的儿子陈理常在一起，两人同病相怜，相互发牢骚。朱元璋得知后，怕他们联合起来谋反，于是派太监将他们送到高丽国安置。

六、大明建国

自从小明王遇难之后，朱元璋登基称帝就只是个时间问题，团结在他周围的文武百官，也希望这一天早日到来。至正二十七年（1367）年底，眼看新的一年就要到来，在北方战场，徐达和常遇春节节胜利，前锋已经杀到了山东。在其他战场，各路兵马也是喜报频传，势不可当。朱元璋控制天下，基本上不会再有什么悬念。这时候登基，又赶上新年，可以说是水到渠成的事情。但是，大臣们已经连续劝说三次了，每次都被朱元璋客客气气地拒绝，貌似他当个吴王很知足。这一次，劝说的队伍中有人当场磕头，磕得满头是血；有人放声痛哭，哭得当场昏厥过去；也还有人以死相逼，让朱元璋称帝。朱元璋这次没再推辞，他先行搬进了刘伯温主持建好的宫城中，然后祭告天地：

惟我中国人民之君，自宋运告终，帝命真人于沙漠，入中国为天下主，其君臣父子及孙百有余年，今运亦终。其天下土地人民，豪杰分争，惟帝赐英贤为臣之辅，遂戡定诸雄，息民于田野，今地周回二万里广。诸臣下皆曰生民无主，必欲推尊帝号。臣不敢辞，亦不敢不告上帝皇祇：

是用明年正月四日于钟山之阳，设坛备仪，昭告帝祇、惟简在帝心：如臣可为生民主，告祭之日，帝祇来临，天朗气清；如臣不可，至日当想风异景，使臣知之。

在告示中，朱元璋提出了"中国人民"，还承认了元朝过去百年的正统地位，说明自己当皇帝是上天的安排。他提出了明年正月初四，如果天气晴好，说明自己当皇帝是顺应天意，如果天气不好，那就是违背天意，不再称帝。

根据多年的经验，春节前后，应天府的暴风雪还是蛮多的，大臣们最焦虑的是那天不是好天气该如何是好。其实大臣们过虑了，朱元璋宣布在洪武元年正月初四登基，当然是精心策划的，他的信心不是来自对上天的信任，而是对身边能预测天气的刘伯温无比的信赖。在鄱阳湖大战中，刘伯温准确预测到了东北风，让七艘小船完成了火烧陈友谅大营的壮举；在平江城下，刘伯温准确预测到了暴雨霹雳，让恶劣的天气帮助徐达轰倒了张士诚的老巢。而这一次，刘伯温一定能用自己的经验准确预测，既能为朱元璋挑选了好日子，又能使他提高威信，昭示天下朱元璋称帝是顺承天意。

至正二十八年（1368）正月初四，也就是洪武元年第一天，果然一轮红日从东方升起，把它的光芒慷慨地洒向了大地。四十岁的朱元璋成功登基，国号大明。大明的国号，据说是由刘伯温提出来，经过了朱元璋及其臣僚们的仔细推敲确定的。"明"，一合于明教教义，二融于阴阳五行学说。明教有明王出世的传说，主要有大小明王出世经。朱元璋原属小明王部将，小明王意外身亡后，他继之而起，国号用"明"，表明皇朝也是"明王"的继承者。朱元璋喜不自禁，他对着众臣大声表述着天命眷顾。他定会为苍生造福等豪言壮语，还希望子孙万代福寿安康。朱元璋终于在天下归心、苍天眷顾之下登上九五至尊之位。朱元璋登基时，命左相李善长率领礼官主持此仪。

当天祭告天地，即位于南郊，文武百官及专门请来参礼的名流及宿老们大礼参拜，恭贺明皇，山呼万岁；接着，朱元璋带着一干人等拜诣太庙，追尊祖先，祭祀社稷；之后才回到皇城，于奉天殿登基。从此以后，逢年及重大节日，皇帝必亲自祭祀，成为惯例。明朝建立之后，朱元璋以复兴汉文化为己任，为恢复汉族礼仪作出了许多努力，其中贡献大的就是规范了"五礼"。《明史》上的记载是："明太祖初定天下，他务未遑，首开礼、乐二局，广征耆儒，分曹究讨。洪武元年，命中书省暨翰林院、太常司，定拟祀典。乃历叙沿革之由，酌定郊社宗庙仪以进。礼官及诸儒臣又编集郊庙山川等仪，及古帝王祭祀感格可垂鉴戒者，名曰《存心录》。二年，诏诸儒臣修礼书。明年告成，赐名《大明集礼》。其书准五礼而益以冠服、车辂、仪仗、卤簿、字学、音乐，凡升降仪节，制度名数，纤悉毕具。"

朱元璋初定天下，首先给大明礼仪定出规章制度。洪武元年召来一群翰林学士和礼官，参考了古时礼制，编了部祭祀礼仪之书《存心录》；洪武二年（1369）开始修礼书，三年修成，朱元璋赐名《大明集礼》，里面详细地说明了"五礼"该如何进行。

刘伯温跟朱元璋在战场经历血雨腥风数个春秋，他"神机妙算，运筹帷幄"，深得朱元璋信赖。史书中多次提到二人经常在密室低语，但对"帝王师"的名号却鲜有提及，这与天子之威有关，如果写成朱元璋处处需要臣子指点，会使朱元璋的英名有所折损。仕于明廷是刘伯温在朝廷做官浓墨重彩的时刻，他陪在朱元璋身边当军师，朱元璋一直对刘伯温很是重视。此时刘伯温被任命为明朝的御史中丞兼太史令，这是刘伯温一生仕途生涯的最高峰。可是身为帝王的左膀右臂，朱元璋不可或缺的人才，为什么刘伯温的封赏却少得可怜呢？"谦受益，满招损。"刘伯温看透了官场倾轧，官场的暗潮汹涌，他选择低调行事，多次请求朱元璋减少对自己的赏赐减少自己的光芒，来避免一些不必要的麻烦。同时，此举也是一种自保的办法，他不想置身于明争暗斗的派系之争。

洪武元年（1368）三月，朱元璋将应天改名为"应天府"，命刘伯温为总设计师，打造新都城。刘伯温四处测量，构筑城墙，显得胸有成竹。刘伯温果断决策，料事如神。在民间，他早被传得"半神半仙"，可是在李善长这些人眼里，刘伯温只不过是一个高明的江湖术士罢了，用的都是些雕虫小技。朱元璋赐给刘伯温一道手诏，名为《御史中丞诰》，其中如是说：

奉天承运皇帝圣旨：太史公之职，天下欣闻；中执法之官、台端清望。惟亲信之既久，斯倚注之方隆。前太史令兼太子率更令刘基学贯天人，资兼文武，其气刚正，其才宏博。议论之项，驰骋乎千古；扰攘之际，控驭乎一方。慷慨见予，首陈远略：经邦纲目、用兵后先。卿能言之，朕能审而用之，式克至于今日。凡所建明，悉有成效……方当兵起，乘时纷纭。原其投戈向化，帖然宁谧，使朕无南顾之忧者，乃卿之嘉谟也。若夫观象视祲，特其余事。天官之署，借重老成。以至谳狱审刑罚之中，议礼新国朝之制，运筹决胜，功实茂焉。乃者肇开乌府，丞辅需贤，断自朕衷，居以崇秩，清要得人，于期为盛。於戏！纪纲振肃，立标准于百司；耳目清明，为范模于诸道……

　　这道手诏，是朱元璋对跟随他七年的刘伯温的总体评价。朱元璋对刘伯温的才学、人品和军事谋略、经邦良策都十分肯定。刘伯温提出的先南后北、先陈后张的战略使他赢得天下大局。朱元璋说刘伯温神乎其神地观天象、摆卦象是做给朴实憨厚的兵民看的，他肯定不信，他把刘伯温当谋臣看，并且所有的大事决断都是他自己拿的主意，谋臣们献的计谋，他带着审视的目光看待，因为朝廷积累了这么多人才，才呈现出盛世。这道手诏流露出朱元璋借调侃刘伯温"神仙"之能，暗示刘伯温不要贪功，不要自大，要踏实做臣子。群雄被灭，天下大势基本已定，昔日的谋略不再是朱元璋所必需的，五十七岁的刘伯温从此只要规规矩矩地按章办事就行了。刘伯温何等聪明，自然一点就透。本来他就很低调，担心受到朱元璋疑虑，此后他更是勤勤恳恳工作。为了大明江山呕心沥血，以期善始善终，做一个流芳百世的名臣。

　　这道手诏中，朱元璋还谈到刘伯温自担任御史中丞以来的工作成绩。朱元璋说刘伯温担任监察部门的官员以来，纪纲振肃、耳目清明。刘伯温像一把利剑一样，斩那些倨傲的官员。

朱元璋这段叙述的确如此，刘伯温黑白分明、刚直不阿的性格，使他在担任监察官时，严肃法纪，成了违法必究、执法必严的"铁面判官"。大明初立，刚正不阿的刘伯温很快成为让人望而生畏的御史，他对任何触犯法律，仗势欺人、管教下属不严，甚至违反了礼仪制度的行为都深恶痛绝，并且采取雷霆行动。每次的朝堂上，刘伯温都是谏言最多的官员，被他谏言击中的人成群结队。朱元璋很感谢有刘伯温这样的官员存在，因为长年的征战，许多臣子功劳赫赫，其中不乏力挽狂澜、功高震主的人存在，这些悍将贤臣一个个气焰嚣张，即便在朝堂上也是目空一切，让朱元璋十分担心。刘伯温正好可以帮助朱元璋，压制一些不作为尤其是贪污腐化的官员，消除了朱元璋诸多隐患。

第七章 / 设计大明

一、大明律法

刘伯温从献上《时务十八策》开始，到"先汉后周"战略，再到龙湾大捷、洪都之战、鄱阳湖之战、巧袭江州、奇定龙兴、占领平江等，无不展现出他卓越的军事才能。如果说朱元璋是大明王朝的缔造者，那么刘伯温就是大明王朝的总设计师。朱元璋正是按照刘伯温设计的方略，取得了一场又一场战争的胜利，消灭了一个又一个劲敌，占领了一片又一片地区，最终实现了君临天下的理想。毁灭一个旧朝廷并不容易，而建设一个新王朝，无疑更加困难，明朝奠基，百废待举，作为朝中唯一的仕元官员，有过几十年官场经验的刘伯温，又将为新王朝怎样规划呢？

首先，是都城的确定与拓建。

在新王朝建立之初，刘伯温躬亲较多，倾注了大量的心血。当朱元璋及群臣们着手准备选定都城时，徐达进军元大都的硝烟尚未散去，元顺帝妥懽帖睦尔逃到了塞北上都。北部复杂的社会环境不容许新王朝以元大都为都城，而应天府"抚形胜以临四方"，朱元璋又在此称"吴王"。因为传说中的金陵王气在钟山，于是朱元璋便下令刘伯温卜地，拓建应天城，之后确定在钟山南麓兴建新宫。经过一年的建设，落成的新宫殿，气势宏伟，庄严肃穆。宫城为标准的正方形，位于应天府东隅，刘伯温将之命名为紫禁城。此名字来自紫微垣，古代天文学家认为紫微垣之内是天帝居住的地方，因此预测帝王家事便观察此天区，认为此区星象变化预示皇帝内苑，除皇帝之外，皇后、太子、宫女等命星都在这居住。宫城开有六个城门：正南为午门，其两侧分别是左被门和右掖门，北边有北安门，而东西两边分别有东安门和西安门。宫城内的建筑也相当考究，中路有奉天、华盖和谨身三大殿，合称"前朝"，其中奉天殿规格最高，装饰最气派，是皇帝朝见群臣和举办各种重要典礼的地方，又称"金銮殿"。其后面则有乾清和坤宁二宫，是皇帝与皇后居住与日常办公之所，称为"后廷"，前朝与后廷合称"朝廷"。东路有文华殿、文楼和东六宫等，与之相对应，西路则有武英殿、武楼和小六宫等。

宫城之外又有皇城，两城合称"皇宫"。皇城同样有六门：正南是洪武门，两侧分别是长安左门与长安右门，正北是玄武门，东西两边分别是东华门与西华门。午门与洪武门之间，还有承天门和端门，并依照元大都的旧例修建了千步廊。皇宫之外，还有太庙和社稷坛等建筑。整个皇宫设计合理，布局紧凑，既充分展示了当时最先进的建筑水平，又不至过于奢华与铺张，让朱元璋十分满意。

洪武元年（1368）八月，朱元璋正式将应天府改名南京，而以汴梁为北京，以濠州为中都。刘伯温重新设计了新都城。而这个新南京，亦堪称中国建筑史上的重大突破。

因为地形原因，南方城市多为不规则形状，而非北方都城那样呈标准四方形。刘伯温设计的新南京，充分考虑到了应天府周边多山、多湖、多河的特点，顺应自然。改变了历朝建都必取方形的惯例，规模比南唐金陵城大得多，把卢龙山（狮子山）、鸡笼山、覆舟山（小九华山）和龙广山（富贵山）等通通纳入城墙之内。修建护城河的时候，刘伯温也充分考虑了秦淮河与玄武湖的地貌进行设计。因为依山靠水，城墙高度和厚度也并不统一。最高处可达十二丈，一般在三四丈之间，最宽处可达五丈，一般在八尺到两丈之间。这在历代都城中也是独一无二的。刘伯温把设计的图纸呈现出来时，朱元璋极为称赞。于是，朱元璋先后征调二十万工匠，从至正二十六年（1366）开始动工，历经二十一年，到洪武十九年（1386）才最终完全落成。

最终的南京城墙，周长达到了六十七里，成为城池建设史上规模最大的城防设施，建有雉堞（垛口）一万三千余个、窝棚两百座，共有十三座城门："三山聚宝临通济，正阳朝阳定太平，神策金川近钟阜，仪凤定淮清石城。"城墙建设充分考虑到安全的需要，每道城门都设有木门和千斤闸各一道，并设计有瓮城及藏兵洞等，真正称得上固若金汤。刘伯温规划的皇城和宫城，也成了后来朱棣修建北京城的样板，甚至有的名称都没有改动。

其次，制定律历。法律制度事关国家的立国之本，历史上因定律失当而引起祸乱乃至王朝更迭的例子屡见不鲜。善于总结历史经验的朱元璋有鉴于此，谨慎定律。

明代法律制度的制定经历了较长的过程，初稿形成于吴元年，以后又屡经修改、整理，至洪武三十年始颁行天下。《大明律》是一部超越前人，并对后世有重要影响的法律文献，后来的《大清律》大部分沿袭了这部著作，被法学界称为"中国法系最成熟时期的难得产物"。至正二十五年（1365）朱元璋称"吴王"不久，便设置太史监，以刘伯温为太史令。其后又改为太史院、司天监、钦天监等。太史令的职责主要是察天文、定历数等事。作为新王朝的太史令，刘伯温参与了吴元年律法制度的草创。虽然刘伯温参与编定的明代律令与最后颁布的《大明律》内容可能有相当大的不同，但他的草创之功不容抹杀。至正二十七年（1367）由刘伯温、高翼拟定《戊申大统历》，这个历法一直被明代所使用。

新的王朝，需要新的法令。朱元璋把制定律令的任务交给了中书省，这样左丞相李善长担任总裁官，而刘伯温、杨宪、陶安等人担任律官。朱元璋要求法律条文简单，易于操作，且要严厉。经过两个月的时间，《吴元年律》和《大明令》制定完成。

《吴元年律》，共有二百八十五条，今已失传。《大明令》则保存下来，成为唯一一部传承至今的古代法典。此法典最重要的特征，就是宽以待民和严惩贪官。对于贪官污吏的处罚，明显重于唐宋刑律；对于老百姓则更加宽容，取消了阉、刺等极不人道的肉体刑罚。

接着，恢复科举制度。

朱元璋在平定天下的过程中，深切地感受到人才对于治国的重要，当他即吴王位时，就令中书省选民间有学识、有才干的人到中书省，与精通政事的年长者共事。明王朝建立后，朱元璋对荐举的方式仍然十分偏爱，这种不拘一格的选才方式曾颇为盛行，但这毕竟是社会混乱、人才匮乏时的应急之举，荐举中名不副实的情况时常发生。因此，洪武十七年（1384），明朝复兴了科举制度。而明代科举的端倪，尤其是学校、科考、荐举、铨选配合进行的培养与选用人才的方式在明初就已形成，其中刘伯温出力最多。洪武三年（1370），朱元璋与刘伯温议定了明代科举的基本方法，内容以"四书""五经"命题试士。从明初科举考试的内容来看，比较注意兼顾学识与实践的综合考查，此外，还有初试经义、"四书"以及关乎时事的论策，在合格后还专试骑、射、书、算、律等。由此可见，刘伯温参与制定的科举考试，目的在于选拔通经致用的学子。但遗憾的是，在其后颁行的科举定式中专试五事被取消了。这直接导致了明代科举脱离实际的社会风气的形成。

刘伯温定出的录取人数是，除了新成立的广东、广西两个布政使司各承二十五人外，其他九个使司都是四十人，而直隶应天府因为情况特殊，计有一百个名额，所有考生一视同仁，择优录取，而不考虑他们的民族状况。相比当年刘伯温参加科举时的状况，这无疑进步多了。

会试的考试范围与程序安排，同乡试完全一样，是全国各地的学子精英同场较量，这样的竞争无疑是相当公平公正的。大家在同一个时间，在同一个考场坐而对答，面对的是同一张试卷，接受的是同一个规则。而其中的优胜者，将有机会参加殿试。殿试只考一场策论，由当朝皇帝亲自主持，考查对治国之道的理解。殿试之后，全部的考试结果就出来了。考生按最终成绩分为三甲，一甲只取三名，就是全国前三。依次称为状元、榜眼和探花，合称"三鼎甲"，二甲有数十人、赐进士出身。三甲数十人，赐同进士出身。

洪武三年（1370）八月，大规模的乡试就在各布政使司全面展开，朱元璋对此十分重视，钦点刘伯温和秦裕伯担任主考官，而宋濂和詹同出任同参官。刘伯温已经进入花甲之年，他的头发几乎全白，牙齿脱落了好几颗，肝病也越来越严重。但只要他穿上官服，走进科场，就马上焕发了精神。刘伯温看着一张张勤恳的学子面孔，分外亲切，不禁让他想到了自己年少求学的经历。刘伯温相信，通过这样合理的选拔，家境贫寒的学子也注定不会埋没。

次年二月，本是京城会试的时间，但此时的刘伯温，已经辞职返乡了。从此，他再也没有为科举的事情出过力。这对关心教育的刘伯温来说，可以说是很大的遗憾。

再者，倡立军卫法。

朱元璋"驱逐鞑虏，恢复中华"，从蒙古人手里夺回了汉人的天下，完成了中国封建历史上唯一一次北伐的成功。明王朝建立时，虽然实现了全国统一，但元王朝最后一个皇帝元顺帝北走蒙古，并没有被完全消灭，北方的边境危机仍未得到解除。因此，建立一支强大的军队是明王朝能够保境安民的前提，但经过长期的战争，百姓深受战乱之苦急需休养生息。《明史》记载："国初置卫四百九十一，所三百一十一。"卫所制度，一卫是五千六百人。如此计算，明军大概有二百七十万人之多。如此庞大的军队，如果全靠朝廷供养，这个消耗是非常巨大的。为此，刘伯温参照唐代的府兵制度，提议建卫所兵制，使兵农结合，军籍世袭。当时的朱元璋就下令把军队安排去屯田，就是将大量的士兵从作战状态转化到生产状态。朱元璋说"今海内宁谧、边境无虞，若使兵但坐食于农，农必受弊，非长治久安之术，其令天下卫所，督兵屯种，庶几兵农合一，国用以舒。""吾养兵百万，不费百姓一粒米。"卫军实行屯田制度。按规定，边地军丁三分守城，七分屯种；内地军丁二分守城，八分屯种。每个军丁授田一份，由官府供给耕牛、农具和种子，并按份征粮。这样既保证了充足、稳定的兵源，又能不误生产，收到了养兵不用耗财，且有生财之用的效果。这样的兵制，对于明初迅速恢复生产，建立起巩固的中央集权起到了重要作用，但同时预示着士兵的战斗力在不断下降。

刘伯温为明王朝的建立殚精竭虑，在制度建设中注入了诸多仁民爱物、以德劝政的内容，贡献了自己的才智，寄寓了自己的政治理想。朱元璋对刘伯温为朱明王朝的建立所作的贡献，给予了充分的肯定，并对刘伯温的家乡青田免征五合税粮，以示对刘伯温的褒奖和敬重。

当然，朱元璋对刘伯温也不是言听计从，而是"审而用之"。在天下未定之时，朱元璋对刘伯温十分尊敬，常称老先生而不呼其名。但是，当大局将定之时，朱元璋对于刘伯温的态度有所变化。大臣们在朱元璋面前，恭谨得几乎不能说话，如果朝政有过失，无人敢言，唯独生性耿介的刘伯温还是秉公直谏，他的有些建议被朱元璋所采纳，但仍有若干建议没有被朱元璋采纳，而这些建议往往更容易看出刘伯温和朱元璋思想的不同点。其中最为突出的，主要集中在为政宽猛、择建都城和以何人为相等方面。在为政宽猛的方面上，表面看来，朱元璋与刘伯温并没有多大的不同，但其实刘伯温与朱元璋在为政观念上仍存在着较大的分歧。

刘伯温与朱元璋都主张实行宽政，体恤百姓。同时，他们也都主张严整吏治。刘伯温惩戒贪渎而不避权贵。朱元璋要严格立法，凡遇到贪污或者祸害百姓的官吏绝不宽恕，对于吏治的整肃几乎到了严苛的程度。但是两人对宽政的目的有所不同。朱元璋说他自己是农夫出身，深知民间疾苦。但由于他的皇权是建立在对百姓掠夺的基础上的，他体恤民情的政策和宽政言论，都是从维护极权统治出发的，他最关心的是如何能使江山永固，如何能保证大权永不旁落。他使百姓得到休养生息，首先是服从于这一前提的。而刘伯温对民情深有体悟，他的宽政理念的根本目的是为民，对滞狱冤情、降兵俘卒都十分关心，他也借此阻拦朱元璋滥杀无辜。

二、八次北征

明朝的八次北征是针对残元势力的，这些战争彻底摧毁了元朝再次翻身的机会。当时蒙古地区依旧有大量的汉人居住，当朱元璋北上之时，这些汉人不仅为朱元璋提供了一些物质补助，还配合朱元璋进行战争，所以朱元璋知己知彼百战百胜，通过外部强大的军事力量压迫，以及内部人员的配合，使得蒙元政权腹背受敌。当时羸弱的蒙元政权无暇正面与之对抗，只能周旋，但随着朱元璋多次攻打，消耗掉了元军最后的战力，明军最终取得了这次北伐战争的胜利。

第一次北征：洪武三年（1370）二月，朱元璋对北元势力进行第一次北征，并消灭北元在中原地区的留存势力。徐达、李文忠分两路大军，每一路皆大获全胜。这次北伐的主要目的就是夺回燕山地带，避免北宋末年的悲剧重演，这次北伐给塞北的北元残存势力造成巨大打击，为明太祖北征开了一个好的兆头。

第二次北征：洪武五年（1372）二月，朱元璋派徐达、李文忠、冯胜三路大军希望消灭北元势力，夺取外蒙、平定陕甘。徐达、李文忠败北损失数万人马，偏师冯胜把所有胜利果实全部抛弃退守中原。第二次北伐分三路进军，每一路都遭到了北元的强大反击，称为岭北之战，主要的战场在今蒙古国哈尔和林。岭北之战的目的是完成自汉唐以来没有完成的历史功绩，永清大漠威胁。对于这次北伐，明朝各级将领和官员都抱有非常大的乐观态度，但是战争的结果却出乎意料。在这次战争中进入大漠的明军完全蒙了，完全陌生的作战环境最终导致明军北伐失利。岭北之役是明军有史以来最大的惨败，不仅损失了很多著名将领，士兵损失就高达好几万。这次战争的失利直接导致了明朝战略的改变，促使明朝内部由武将主张的扫清蒙古，占领中亚的进攻战略，变成了依托长城积极防御的国家战略。这次战略的改变为之后数百年明朝和蒙古长期对峙奠定了基础。

第三次北征：洪武十三年（1380）四月，朱元璋命沐英率领陕西兵马进攻陕甘元朝势力，大胜。

第四次北征：洪武十四年（1381）二月，朱元璋任命魏国公徐达为征虏大将军，信国公汤和为左副将军，颍川侯傅友德为右副将军，分两路出塞北征。两路进攻内蒙北元势力，大胜。

第五次北征：洪武二十年（1387）二月，朱元璋命宋国公冯胜为征虏大将军进攻东北的北元太尉哈纳出，大胜。

第六次北征：洪武二十一年（1388），朱元璋命永昌侯蓝玉为征虏大将军发动第六次北征。蓝玉突袭在捕鱼儿海（贝尔湖）的北元第三位皇帝脱古思帖木儿，北元势力彻底被平灭。

第七次北征：洪武二十三年（1390），朱元璋的两个儿子燕王朱棣和晋王朱棡出征，太尉乃儿不花向朱棣投降，数万部众归顺。

第八次北征：洪武二十九年（1396），这次燕王朱棣单独领兵出征，目的比较明确，就是消灭在大宁（今内蒙古宁城）一带活动的蒙古军队，朱棣大败故元大将哈剌兀。

三、党派之争

随着明王朝的建立，朱元璋以前的军事、政治对手被逐渐消灭。朱元璋开始着眼巩固政权，对功臣们的猜忌心理日渐浓厚，党派之争自然而然地上演，皇帝也开始了他的权术之路，刘伯温也开始了他的劝谏之路。

随着朝局的稳定，朝中形成两大派系：以刘伯温为首的浙东集团、以李善长为首的淮西集团。浙东集团是言官。淮西集团以朱元璋老乡居多，个个功绩显赫。言官权力很大，可以当面批评皇帝，而皇帝只能静静地坐着听。淮西也好，浙东也罢，都是朱元璋用来牵制彼此的手段，都是朱元璋的政治棋子。朱元璋曾询问过刘伯温关于丞相的人选，先后列举了杨宪、汪广洋、胡惟庸三人，都被刘伯温悉数否决。朱元璋说，能当他丞相的人只有刘伯温了。刘伯温同样否决了自己，认为目前还没有合适的丞相的人选。

洪武元年（1368）八月，刘伯温奉命纠察依附李善长的中书都事李彬的违法行为，两个集团开始了第一次正面交锋，李彬成了导火索。李彬是李善长的亲信，犯了法被刘伯温所抓。刘伯温主张严惩李彬，李善长出面求情，刘伯温不枉私情，上报给了朱元璋。此时，朱元璋正在汴京，与徐达、常遇春商讨攻打大都的战略，留刘伯温和李善长留守应天府。朱元璋没走多久，两位文臣就爆发了矛盾。朱元璋最后批准了诛杀李彬的许可，李善长借故拖延行刑时间，想等朱元璋从汴京回来再当面求情。李善长说当前大旱，高僧们都在祈雨，不宜杀人。刘伯温回应，杀了李彬，天必下雨。随即，刘伯温下令斩了李彬。这次刘伯温预测天气出乎意料，杀了李彬后，却迟迟不下雨。李善长开始反击，以天旱为由，煽动大臣攻击刘伯温。朱元璋并未怪罪刘伯温，但是内心少许不满，认为刘伯温利用天象做文章，难以服众。

朱元璋从汴京归来时，这几个月对刘伯温心生不满的官员纷纷前来告状，李善长更是怨气冲天。朱元璋没有直接理会他们，但是应天府一直大旱，久未降雨，是朱元璋最为忧虑的事情。刘伯温给朱元璋出了三条对策，一允许数万将士的遗孀改嫁，二是安葬死在野外的工匠，三是宽恕吴军的降将，如果这三件事情办到，一定会感动上苍，降下甘霖。在预测天气这方面，朱元璋是十分信赖刘伯温的，可以说是言听计从，这次也不例外，刘伯温一分析完对策，朱元璋就马上执行。可是，十几天过去了，一丁点雨都没有下，这次朱元璋大怒。

朱元璋称帝之后，一直有个心愿就是在家乡濠州建都，他分析濠州前江后淮，有天险可依，有水路可以漕运，可以作为王朝的中都。群臣附会，朱元璋大悦，唯独刘伯温一人反对，刘伯温说："临濠虽帝乡，非建都之地。"建立中都的事宜没有因为刘伯温的劝拦而停止，此举反而加大了朱元璋和刘伯温之间的嫌隙。

四、趁机请辞

洪武元年（1368），一封青田的家书送到刘伯温手中，刘伯温的二夫人陈氏去世。回忆过往，刘伯温和陈氏婚后在杭州共同生活四年，之后刘伯温就奔走于台州、绍兴和处州等地，直到至正十八年（1358）辞官还乡一年，就投入了朱元璋的战营，想想近几年，除了归乡丁忧九个月之外，都在应天，对家眷不禁惭愧至极。接到家书后，他思量再三，对这份官职不再留恋，随即向朱元璋提交奏本请辞，回乡。朱元璋没有立即批准刘伯温的辞职，而是给了一笔赏金，让刘伯温致仕归乡。临走之前，刘伯温嘱托，濠州不可都，王保保不可轻。

接下来，朱元璋显然没有把刘伯温的嘱托放在心上。首先，朱元璋命令李善长为总指挥，征集二十多万民工，找比修建应天府还好的班底，在自己的家乡濠州修建中都。洪武二年（1368）

十月开始修建，至洪武八年，朱元璋突然一纸诏书"罢中都役作"。就这样，营建了六年之久，即将完工的中都工程就此中止。在中都营建的六年之间，朱元璋还多次亲临现场，视察工程进度，表彰有功之人，足见他对中都的重视程度。

至于王保保不可轻，朱元璋似乎也不怎么上心。洪武五年（1372），蓝玉在土剌河大败北元，而王保保却在和林诱敌深入，全歼了徐达主力。这次岭北战役后，朱元璋改变了作战思想，不再派兵进入草原，形成了明朝和蒙古长期对峙存在的格局。

刘伯温归乡之后，就一病不起。亲人的离去，更促使刘伯温准备终老青田，他不想重返朝野了。而朱元璋气消了，琢磨许久，觉得还是离不开刘伯温。到了洪武元年（1368）十一月，朱元璋赐一道诏书给他。《御宝诏书》中这样写道：

朕闻同患难，异心者未辅。前太史令、御史中丞刘基，世居栝苍，怀先圣道。天下初乱，闻朕亲将金华，旋师建业，尔曾别同里，忘丘垄，弃妻子，从朕于群雄未定之秋。居则每匡治道，动则仰观乾象，察列宿之经纬，验日月之休光，发踪指示，三军往无不克。曩者攻皖城，拔九江，抚饶郡，降洪都，取武昌，平处城之内变，尔多辅焉。至于彭蠡之鏖战，炮声击裂，犹天雷之临首。诸军纳喊，虽鬼神也悲号，自旦日暮，如是者几四。尔亦在舟，岂不同患难也哉。今年夏，告镜妆失胭粉之容，遗子幼冲，暂回祀教，速赴京师，去久未归，朕心有欠。今天下一家，尔当疾至。同盟勋册，庶不负昔者之多难，言非儒造，实已诚之意，但着鞭一来，朕心悦矣。

这道印着御宝的诏书可谓"来者不善"。诏书的一开头就把要刘伯温必须来的基调定下了：听说同患难而不同富贵的人，得不到别人的辅佐。你我二人同患难过，但有了富贵后，你却走了，你是想让天下人认为朕是个"异心"的人吗？

刘伯温离开应天府表面上是因为丧妻，实际上也是朱元璋默许的。现在他反倒指责刘伯温，回家奔了三个月的丧也不见回来。诏书中谈到的朱元璋和刘伯温共患难，把刘伯温的功劳悉数一遍，这些功勋足以让日月无光，但是"尔多辅焉"这四个字，又说明刘伯温的丰功伟绩是在朱元璋的英明领导下才大显于天下的。八年以来，刘伯温不是在辅佐朱元璋，而是在指引朱元璋，他扮演的始终是帝王师身份。刘伯温在献出《时务十八策》后，始终拽着朱元璋向那个梦想奔跑，而且从未离开轨道。

最后，朱元璋说："我今天邀请你，是真心实意，你可别让我做了'异心'之人！"

刘伯温是一个重感情的人，看到如此强势的诏书邀请他回去，他不禁在细雨中汗流浃背，看来，此番还是必须回应天府了，但是他对已成为帝王的朱元璋没有很大的把握，是转折还是险境，未可知。

洪武二年（1368）最后一个月，刘伯温冒着冰冷的雨水走出青田去应天府。他坐船北上，越向北，天气越寒，他的心也就越寒。在苏州短暂停留时，他看到苏州城在张士诚死后被朱元璋搞得繁华逝尽、残破不堪，想到自己不久的将来是否也会如这座城池一样破败不堪、无人问津，突感凉意袭来，他只想大哭一场。

应天府城墙高大阴冷，矗立在阴云之下。刘伯温站在这座城门下，焦虑不安。重新回到京都的刘伯温，确实感受到了朱元璋的照顾，也让他原本冰冷的心，又开始一点点地热了起来。

对刘伯温的优厚待遇首先表现在刘伯温的家族赏赐。朱元璋追封刘伯温的爷爷为永嘉郡公，奶奶刘梁氏为永嘉郡夫人，父亲为永嘉郡公。母亲刘富氏为永嘉郡夫人。刘伯温的妻子刘富氏亦被封为永嘉郡夫人。郡公这一封爵始于曹魏。魏晋南北朝时期，郡公是异姓功臣的最高封爵，在明朝以前，有封国、食邑，而且是世袭的。北周以后，郡公爵位就成了虚封，除了"郡公"这个荣誉头衔之外，什么都没有。虽然是荣誉头衔，爵位赏给刘伯温的家人时，刘伯温还是感动了一回。值得一提的是，郡公爵位自此之后就被取消，再也没有出现过。

接着，刘伯温刚回来的那天，朱元璋特意为他准备了接风宴。这可是规模巨大的宴请，除了徐达在北方交战之外，几乎所有的功臣全部到场。朱元璋则放下一国之君的威严，主动关心起刘伯温的日常生活起居。出乎意料的是，在宴会上朱元璋赐给刘伯温一个章姓女人。刘伯温妻子陈氏刚去世不久，身边也需要有人悉心照料。朱元璋的安排可谓对刘伯温体贴入微。这也让他丝毫不敢怠慢。皇帝送给的女人是绝对不能当丫鬟使用的，所以刘伯温给予章美人夫人的名分，章夫人后来还为刘伯温生了两个女儿。

洪武三年（1369）元月，刘伯温被任命为御史中丞兼太子赞善大夫，又开始他的官宦生活。

五、秘密选相

李善长出任中书左丞，大权在握，身边阿谀奉承的人越来越多。加上修建中都的重任在身，中都建在了淮西集团的老家濠州。既然在自己的地盘，淮西集团自然就能通过安排人手，拉帮结派，把以李善长为首的淮西集团做得更强。以至于，刘伯温为首的浙东党与之抗衡。慢慢地，朱元璋很不放心李善长，这种思虑越久越烈，最后动了换相的念头。洪武二年（1369）十月，朱元璋秘密召见刘伯温，商量换相事宜。朱元璋逐一问了刘伯温对杨宪、汪广洋、胡惟庸等人的看法。刘伯温认为，杨宪有能力，但是没有当丞相的器量，丞相这个职位需要始终以道义公理为基准行事，杨宪做不到；汪广洋的性格偏执浅薄，更胜于杨宪，不适合做丞相；胡惟庸行事蛮野，如果把丞相之位比作一辆牛车，胡惟庸就是一头蛮牛，"将偾辕而破犁"一定会把车辕拉坏。

朱元璋看刘伯温分析得很到位，和自己想得如出一辙，他又试探性地问刘伯温："这个丞相之位，没有比你更合适不过的，你就不要推辞了！"而刘伯温则回应，"感谢圣恩，老臣嫉恶如仇，身体又很差，承受不了丞相繁重的工作。天下何患无丞相之才，只不过您说的三个人确实不合适。""李善长是开国元老，威望极高，而且他能调和诸将，做宰相最合适不过！丞相如同屋子里的顶梁柱，若要换柱子，必须用大木，要是换了小木，房子就会塌了，万万使不得。"朱元璋没想到跟李善长不和的刘伯温，会维护李善长，很失望。同时，刘伯温也无意做丞相，也正合朱元璋的布局。朱元璋没有再说话，刘伯温突然有个很不好的预感，这次秘议可能会流传出去，他可能得罪了很多人，而且是有可能成为丞相的高官。一想到这里，刘伯温不禁有些气馁。另一方面，他又对朱元璋存在着幻想，天真地认为他不会利用自己。

杨宪，至正十六年（1356）投奔朱元璋，因办事干练，成为朱元璋的亲信之一，而且还是一名资深的"检校"头领。"检校"是朱元璋设置的一个神秘机构，前期工作是对敌人进行渗透和侦缉。比如杨宪一直充当使者出入张士诚和方国珍阵营，获得了大量有价值的情报。明朝建立后，检校们的重心开始转移到应天府中大小衙门官吏的不公不法上来。杨宪、凌说、高见贤和夏煜几乎是一个模子刻出来的，他们都是投奔朱元璋后，由于灵活干练，成为朱元璋的亲信，并担任要职。朱元璋就曾当众赞扬过这些检校们："有这些人在，正如我有恶犬一样，能使人怕。"明朝建国时，杨宪被任命为副宰相，成为李善长的助手。

朱元璋曾私下告诉杨宪，让他注意李善长等人的动向，敏锐的杨宪看到了机会，便开始联络在各个机构上担任检校职责的凌说、高见贤和夏煜，寻求支持。他们抱成一团，在朱元璋面前指责李善长，并且下了调查结论：李善长无宰相才，没有慈悲心，不配做宰相。

这样的调查结果也正合朱元璋的意，朱元璋认为李善长在角色转换上没有成功。打天下时，李善长敢于任事、当机独断，这是创业时期作为丞相最大的优点。可在建国后，他仍然如此行事，不免给朱元璋以"独断专行"的感觉，这是他不能容忍的。

刘伯温还是对朱元璋过于信赖了，密议中他的评价，很快传到了三位备选人的耳朵里，特别是胡惟庸，对刘伯温恨之入骨，一定要找机会让刘伯温付出惨重的代价。

洪武三年（1370）春，李善长得了重病不能理事，朱元璋任命汪广洋为中书左丞。同年七月，又任命杨宪为中书右丞。当时右丞杨宪专权断事，汪广洋对他的态度模棱两可，但仍然被他所忌恨。于是，杨宪唆使党羽侦查汪广洋，发现汪广洋对母亲不是很孝顺。有力证据收集之后，杨宪遣御史刘炳弹劾汪广洋极不孝顺母亲。"百善孝为先"，朱元璋称帝后主张恢复礼教，汪广洋的不孝被控诉后，朱元璋震怒，将他削职为民，放逐回乡。当杨宪再次奏劾时，汪广洋又被流放海南。

杨宪成功地赶走了汪广洋后，顺理成章地变成了左丞，并试图挑衅李善长，这让李善长极为不适。朱元璋非常看重杨宪的性格和细致的观察力，他为了掌握中书省的举动，特地把杨宪安排进入中书省。但是杨宪进入中书省之后，感觉像变了一个人，变得嚣张跋扈。杨宪前前后后的变化，俨然一副小人得志的模样。他没进入中书省之前，查办各种事情都是有理有据的，但是进入中书省之后，专决省事，罢去旧吏，更用亲信，杀侍御史刘炳、弹劾汪广洋。杨宪表面上对李善长毕恭毕敬，私下却一直想要扳倒李善长这棵大树。杨宪甚至曾多次在朱元璋跟前说，李善长无大才，不堪为相。杨宪的极度冒进，终于为他后来的结局埋下了苦果，李善长劾其"放肆为奸事"。杨宪和李善长、胡惟庸的明争暗斗，终于惹得朱元璋大为恼怒，最后杨宪升任中书省左丞的当月，就被朱元璋杀掉了。对于杨宪的死因，史书上却语焉不详，寥寥几笔只说是犯事被诛。

大明王朝的政治斗争，真的是步步惊心。刘伯温平时和杨宪关系不错，按理说也会有麻烦，但因在朱元璋面前批判过杨宪，他侥幸地躲过了株连。既为好友的死感到痛心，又有些劫后余生感的刘伯温，对于朝廷上的钩心斗角越来越厌倦。他想尽快回到老家，和亲人团聚，这是他最大的心愿，他甚至等不及了。

六、再次请辞

洪武三年（1370）四月，朱元璋要刘伯温到弘文馆做学士，并且还特意给刘伯温写了封《弘文馆学士诰》。刘伯温读了之后，不禁心中一凉，文诰如是说：

奉天承运皇帝圣旨：朕稽唐典，其弘文馆之设，报勋旧而崇文学。以旧言之，非勋著于国家，犹未至此；以儒者言之，非才德俱优，安得而崇。尔资善大夫、御史中丞刘基，朕亲临浙右之初，尔基慕义。及朕归京师，即亲来赴。当是时，括苍之民，尚

未深信，尔老卿一至，山越清宁。节次随朕征行，每于闲暇，数
以孔子之言开导我心，故颇知古意。及将临敌境，尔乃昼夜仰观
乾象，慎候风云，使三军避凶趋吉，数有贞利。于戏，苍颜皓首
之年，当抚儿女于家门，何方寸之过赤，眷恋不舍，与朕同游。
后老甚而归，朕何时而忘也。可御史中丞兼弘文馆学士，散官如
前，宜令刘基准此。

　　朱元璋开篇就贬低刘伯温，说他是主动来投靠的。刘伯温明
知道是假话，也只能默默接受。这道诰命中，朱元璋肯定了刘伯
温的一些夜观天象的功劳，而且还是个出色的儒家文人。所以，
刘伯温最有资格进入弘文馆当学士。就这样，刘伯温被安置在一
个闲得无聊的职务上，每天面对着一大批泛黄的文化书籍，履行
着文字编辑的职责。他不再是以前那个心直口快的御史中丞了，
变得沉默寡言。自从被召回应天府，又被安置在弘文馆，刘伯温
终于看清了朱元璋现在的套路——他要杀鸡儆猴。所以刘伯温总
结得出：如果谁还保持从前的功臣角色和跋扈性格，他将死无葬
身之地。

　　洪武三年（1370）十一月，徐达凯旋应天府。朱元璋大封群
臣，赐予爵位，褒奖多年以来跟随他南征北战的功臣们。这次封
爵主要封了公爵六人，侯爵二十八人，伯爵两人。

中国古代帝制按照级别从高往低，对外姓封爵大致有五种，分别是：公、侯、伯、子、男。此次封公爵的六人分别是：李善长（韩国公）、徐达（魏国公）、常遇春的儿子常茂（郑国公）、李文忠（曹国公）、邓愈（卫国公）、冯胜（宋国公）。这六人中，只有李善长是文臣，其他五人都是血战沙场、开疆拓土的武将。

侯爵二十八人：汤和、唐胜宗、陆仲亨、周德兴、华云龙、顾时、耿炳文、陈德、郭兴、王志、郑遇春、费聚、吴良、吴祯、赵庸、廖永忠、俞通源、华高、杨璟、康茂才的儿子康铎、朱亮祖、傅友德、胡美、韩政、黄彬、曹良臣、梅思祖、陆聚。

除了刘伯温，所有的功臣都在被封之列。朱元璋在封爵的诏书中还特意强调，爵位都是他定下的，公平公正的。他还特意提到，御史大夫汤和功勋极高，理应封公爵，可是汤和喜欢喝酒滥杀，不由法度，所以只能封侯爵。廖永忠在鄱阳湖之战中舍生忘死，理应封公爵，可他喜欢让人刺探朱元璋的心意，这很不好，所以只封他为侯。最诧异的是对刘伯温的封赏，即使不能列入公爵行列，也应该是侯爵中第一人，结果没有刘伯温。

封爵诏书颁布后，刘伯温竟无动于衷，事实上即使爆发出愤懑情绪也无济于事。当时的朝堂之上，已没有人替刘伯温说话了，甚至没有人为他抱不平。在此次封爵后，朱元璋似乎意识到不太妥当，于是追加刘伯温为"诚意伯"，又颁了《诚意伯诰》：

　　奉天承运皇帝制曰：咨尔前资善大夫、御史中丞、兼太子赞
善大夫刘基，朕观往古俊杰之士，能识主于未发之先，愿效劳于
多难之际，终于成功，可谓贤智者也，如诸葛亮、王猛独能当
之。朕提师江左，兵至栝苍，尔基挺身来谒于金陵，归谓人曰：
"天星数验，真可附也，愿委身事之。"于是乡里顺化。基累从征
伐，睹列曜垂象，每言有准，多效劳力，人称忠洁，朕资广闻。
今天下已定，尔应有封爵，特加尔为开国翊运守正文臣、资善大
夫、护军、诚意伯，食禄二百四十石，以给终身，子孙不世袭。
於戏！尔能识朕于初年，秉心坚贞，怀才助朕，屡献忠谋，驱驰
多难，其先见之明，比之古人，不过如此。尚其敷尔勤劳忠志，
训尔子孙，以光永世。宜令刘基准此。

　　刘伯温虽然有了爵位，但食禄还是差别很大。李善长每年
的食禄是 4000 石，和他同是伯爵的汪广洋，食禄每年是 600 石，
而刘伯温却只有 240 石。刘伯温不敢有一丝抱怨，因为在他分析，
这些荣誉有可能成为致命的祸殃。第一个遭殃的是廖永忠，他的
罪名是私自穿着绣有龙凤图案的衣服。民间也有传闻是因为他多
年前受指使谋杀小明王，被朱元璋杀人灭口，也未可知。伴君如
伴虎，刘伯温越来越小心翼翼。

　　为了子孙后代，六十岁的刘伯温被迫妥协，他终于参透了明哲保身的道理。所以，他也在朝廷上找机会说一些违心的赞誉之词。没有前途的弘文馆工作让刘伯温失去了前进的动力，他借身体欠佳再次向朱元璋申请告老还乡。直到洪武四年（1371）正月，朱元璋正式批复他归乡。李善长辞相，刘伯温告老还乡，两个集团的精神领袖都身处江湖之远。究其原因，跟胡惟庸和汪广洋有关。

第 八 章

巨星陨落

一、再起波澜

洪武三年（1370）七月，右丞杨宪被诛后，朱元璋召回汪广洋，封其为"忠勤伯"，诰词中称他善理难杂事务，且屡献忠策。李善长有敏锐的政治嗅觉，他开始培植胡惟庸，把他提拔成淮西集团的二把手，并向朱元璋举荐他进入中书省。李善长因病辞官后，朱元璋便以汪广洋为右丞，胡惟庸为左丞。因为汪广洋在相位上毫无建树，于洪武六年（1373）正月，被贬到广东行省参政。如此一来，胡惟庸就成了唯一的丞相了。

当胡惟庸成为丞相的那一刻，刘伯温就曾说过：使我言不验，苍生之福也。胡惟庸具有淮西集团的深厚背景，容易被淮西集团的勋臣接受，也更易掌控淮西集团。胡惟庸虽谋略、城府不及刘伯温，但也不是好控制的一个人。朱元璋不会仅仅因胡惟庸和自己是同乡，给自己树立一个潜在的威胁。如果说朱元璋迫于当时没有合适的丞相人员，不得不用胡惟庸，那朱元璋为什么不直接废除丞相这一制度？相权一直是他皇权的威胁，没有合适的丞相人选，不应该是他加强中央集权的最好时机吗？只能说，那时的朱元璋还没有罢黜丞相这一制度的想法。刘伯温是反对胡惟庸拜相的，为了彻底打败浙东集团的领袖并报复刘伯温，胡惟庸对刘伯温进行攻击。

刘伯温回到青田老家后，口不言功，谢绝与任何地方官员的交往。青田县令屡次求见，刘伯温都避而不见。后来，县令不得已便装扮成村野百姓入见刘伯温，刘家人正准备煮饭相待，县令说明了身份，刘伯温随即起身离去，最终不复相见。尽管如此，胡惟庸等人还是没有停止对刘伯温的陷害。

刘伯温家乡附近有一个叫谈洋的地方，处于福建、浙江交界地区，山冈林立，元末时被方国珍据有，明初时这里仍然纷乱复杂。刘伯温建议朝廷专门设谈洋巡检司统辖，朱元璋觉得此举甚好，令胡惟庸承办此事。但谈洋巡检司设立之后，乱象仍未解除。有人起兵叛乱，官员们也隐匿不报。于是刘伯温让长子刘琏赴京禀报实情。因为当时胡惟庸把持中书省，刘琏便直接禀报朱元璋而没有先报中书省，这引起了胡惟庸的恼怒。胡惟庸指使刑部尚书吴云沐等人诬陷刘伯温，说谈洋有王气，刘伯温想要在这儿修墓，当地百姓不答应，于是请求设巡检司以驱逐百姓。吴云沐在胡惟庸的指使下，请求逮捕刘琏。朱元璋臆想刘伯温精通天文，晓得地理，他能看上的墓地一定是风水宝地，也可能是龙兴之地。朱元璋听信谗言，非常恼怒，加上胡惟庸旁敲侧击。于是，朱元璋下发圣旨，训斥刘伯温在谈洋挑选墓地，因此罚一年俸禄。刘伯温接到圣旨，一是惊讶，朱元璋竟会相信诬告，二是分析得出，朱元璋只是不放心他，要是完全相信诬陷之词，就不会仅仅罚禄一年了。

　　洪武六年（1373）正月，刘伯温发表了1200余字的诗歌《二鬼》，好友宋濂评价这篇是刘伯温诗歌中最光辉的篇章。诗中以"二鬼"借喻刘伯温和宋濂，以"天帝"喻朱元璋。通过神话故事，暗喻他们虽受到了朱元璋的牢笼豢养，但政治抱负却无法实现的苦闷心情。《二鬼》结尾部分写道：

　　谋之不能行，不意天帝错怪志，谓此是我所当为，眇眇末两鬼、何敢越分生思惟。

　　呶呶向痛育，泄漏造化微？急诏飞天神王与我捉此两鬼拘囚之，勿使在人寰做出妖怪奇。

　　飞天神王得天帝诏，立召五百夜叉，带金绳，将铁网，寻踪逐迹，莫放两鬼走逸入嵁城。

　　五百夜叉个个口吐火，搜天刮地走不疲。吹风放火烈山谷，不问杉柏樗栎兰艾蒿芷蘅茅茨，燔焱熨灼无余遗。

　　搜到九万九千九百九十九仞幽谷底，捉住两鬼，眼睛光活如琉璃。

　　养在剑丝铁栅内，衣以文采食以麋。莫教突出笼络外，踏折地轴倾天维。

两鬼亦自相顾笑，但得不寒不馁长乐无忧悲。自可等待天帝息怒解猜惑，依旧天上做伴同游戏。

刘伯温以此向朱元璋表达忠心，可是久未见回应。刘伯温还是不放心，思量许久，最后决定亲自去应天府证明清白。洪武六年（1373）七月，刘伯温返回应天府，叩见朱元璋，决心不再离开京都。这也在朱元璋意料之中，刘伯温留在应天府，正好可以随时和他共议朝中大事。胡惟庸有点慌张，刘伯温在帝王侧，他便不好做"文章"。

洪武七年（1374），刘伯温身体病情恶化，整整一年基本上状态都恍恍惚惚。他的眼睛已经看不清东西，除了眼病之外，刘伯温还有一种可以认定的疾病。早在羁管绍兴期间，刘伯温情绪低落到极点，曾吐血数升后得了"痰气病"。再加上刘伯温仕途多舛，心情郁结久之。此年，他的肺部和肝部不间断地疼痛，精神气也越来越差。唯一让他欣慰的是，章氏夫人带着五岁的小女儿在京都日夜陪伴着他。

洪武八年（1375），刘伯温卧床不起，朱元璋则很少过问，有次派了胡惟庸前去探望。胡惟庸表面很友善，携太医来为刘伯温问诊用药。用药后，刘伯温感到腹中如同有拳头大的石头一样，于是将这一情况禀告朱元璋。朱元璋看起来依然漫不经心，神情冷漠，这让刘伯温彻底绝望。洪武八年（1375）三月初三，刘伯温再次写奏章请求回乡。这次朱元璋批复得很快，还赐了一道诏书《御赐归老青田诏书》：

朕闻古人有云：君子绝交，恶言不出；忠臣去国，不洁其名。尔刘基栝苍之士，少有英名，海内闻之。及元末群雄鼎峙，熟辨真伪者谁。岁在戊戌，天下正当扰乱之秋，朕亲帅六军下双溪而有浙左，独尔栝苍未附，惟知尔名耳。吾将谓白面书生，不识时务，不久而栝苍附，朕已还京。何期仰观俯察，独断无疑，千里之余，兼程而至，谒朕陈情，百无不当。至如用征四方，摧坚抚顺，尔亦助焉。不数年间，天下一统。当定功行赏之时，朕不忘尔从未定之秋，是用加以显爵，特使垂名于千万年之不朽，敕归老于桑梓，以尽天年。何期祸生于有隙，致使不安。若明以宪章，则轻重有不可恕；若论相从之始，则国有八议。故不夺其名而夺其禄，此国之大体也。然若愚蠢之徒，必不克己，将谓己是而国非。卿善为忠者，所以不辨而趋朝，一则释他人之余论，况亲君之心甚切，此可谓不洁其名者欤，恶言不出者欤。卿今年迈，居京数载，近闻老病日侵，不以筋力自强，朕甚悯之。于戏，禽鸟生于丛木，翎翅干而扬去，恋巢之情，时时而复顾。禽鸟如是，况人者乎。若商不亡于道，官终老于家，世人之万幸

也。今也老病未笃，可速往栝苍，共语儿孙，以尽考终之道，岂
不君臣两尽者欤。

这道诏书，开篇就气势凌人，朱元璋直接呼刘伯温为"尔刘
基"，同时把谈洋事件放大，最后说朱元璋此生对刘伯温已是仁至
义尽，人老了回老家，也是人之常情。刘伯温看罢，伤心欲绝。

洪武八年（1375）三月初四，刘伯温苍凉地离开应天府，回
归青田。好友宋濂前来送行，刘伯温提醒他明哲保身，悄然离
去。

二、临终嘱托

刘伯温归乡后，自知命不久矣，拒绝亲人和乡里为他找来的
一切药石，只是尽可能地维持正常的饮食。洪武八年（1375）四
月十六，温州府青田县南田乡传来噩耗，开国元勋、诚意伯刘伯
温在家中病逝，享年六十五岁。一代文臣憾别人间，留给世人太
多的悲叹嗟嘘。

临终之前，刘伯温找来两个儿子交代身后事。说完之后，又
命刘琏从书房拿来一本书，这是自己多年有关天文、数术和兵法
的手稿，嘱咐他封存于石室之中，并在合适的时机交给朱元璋。

同时他告诫两个儿子，切勿习得这些本领。他希望后世平平安安，远离朝堂的是非恩怨。他又对次子刘璟说："夫为政，宽猛如循环。当今之务，在修德省刑，祈天永命。诸形胜要害之地，宜与京师声势联络。"为政的要领在宽柔与刚猛循环相济，如今朝廷最必须做的是在位者尽量修养道德，法律则应该尽量简要。平日在位者若能以身作则，以道德感化群众，效果一定比刑罚要好，影响也比较深远，一旦部属或百姓犯错，也较能以仁厚的胸怀为对方设身处地地着想，所裁定的刑罚也必定能够达到公平服人和警惕人改过自新的目的；而法律若能尽量简要，让人民容易懂也容易遵守，便可以避免人民动辄得咎无所适从，又可以建立朝廷的公信力和仁德的优良形象，如此一来，上天便会更加佑朝廷永命万年。

刘伯温又仔细叮嘱刘璟："惟庸败后，上必思我。有所问，以是密奏之。"胡惟庸失利后，皇上必定会想起我，会向你们询问我临终的遗言，那时候再把上面的话告诉皇上。看来，直到临终，刘伯温依然放不下国事。

刘伯温死后，被安葬在夏山。这里群山叠峦，风景如画，这才是刘伯温为自己挑选的墓地，墓地十分简陋，无异于普通百姓家的坟冢。

直到明代弘治年间（15世纪末），刘伯温的声誉才稍稍有所提高，民间开始传阅他的一些文章。十六世纪初期，武宗再次表彰了刘伯温的开国之功。正德九年（1514），正德皇帝颁布诏书，赠刘伯温"太师"称号，并谥号"文成"。正德帝对他的臣子们称，刘伯温为"渡江策士无双，开国文臣第一"。刘伯温的功绩终于被认可，虽然迟了一百多年。从此，他的大明国师的地位就此奠定，无人出其右。

嘉靖十年（1531），刘伯温死后一个半世纪，刘伯温的同乡、刑部郎中李瑜向当时的明世宗朱厚熜上疏说："基宜侑享高庙，封世爵如中山王达。"刘伯温应当陪着太祖朱元璋享受祭祀，他的子孙也应该像中山王徐达的后代一样世袭爵位。祭祀礼仪是国家大事，世宗命群臣商议此事，结果大臣们一致同意："高帝收揽贤豪，一时佐命功臣都有巨大的功勋，而帷幄奇谋、中原大计，却多是刘基的贡献，所以当初太祖在未定天下时就说刘基是自己的张良，后来封刘基爵位时又将他比作诸葛亮。刘基应该配享于太庙。"于是，刘伯温成为明朝配享太庙的文臣。同年，刘伯温的九世孙处州卫指挥刘瑜袭封为伯爵。

三、伯温后世

刘伯温去世后，朝廷中再也没有为朱元璋直言相谏的耿介之士了，在绝对皇权的威势之下，群臣们噤若寒蝉，朝廷上已暗然无声。刘伯温临终"修德省刑"的忠告，朱元璋并没有采纳，历史上罕见的对功臣杀戮的大幕已逐渐拉开。

洪武十三年（1380）正月，朱元璋以擅权枉法、谋害刘伯温、通倭等多项罪名，处死了胡惟庸，并灭其九族。胡惟庸被杀后，朱元璋就废除了丞相这个职位，并且去掉了中书省这个部门，还严格规定了要是有臣子敢再提立丞相这件事，就马上对他施以重罚。在丞相被废除后，中央集权就得到了进一步的加强。于是，胡惟庸就成了中国历史上的最后一个宰相。同时被杀的还有御史大夫陈宁、中丞涂节等数人，最终因胡惟庸案被杀的多达一万五千人。洪武二十七年，当了五年公爵的蓝玉因谋反被朱元璋处死，跟前面的胡惟庸案并称"胡蓝党案"，蓝玉案朱元璋杀两万人，其他被株连的人，更是不计其数。

洪武十年（1377），刘伯温长子刘琏，有文行，除为考功监丞，历任监察御史。次年刘琏又被朱元璋钦点为江西等处承宣布政使司右参政，绩阶至中奉大夫，朱元璋"常欲大用之"。洪武十二年（1379），刘琏受胡惟庸一党的迫害而堕井自杀，年仅三十二岁。对此，朱元璋于同年九月有御祭琏文，遣使祭灵，可见朱元璋对刘琏的提携与器重。明翰林国史院编修吴从善亦有哀辞序文，对刘琏一生功绩及道德文章皆有中肯评价："家为贤子，国有良臣，保有名爵，正而毙焉，生荣死哀，尚何道哉！"永乐二年（1404），翰林学士王景在《翊运录·序》中评价刘琏志行："以廉能见褒于制诰。可谓耀于前而光于后矣。"《明史》中对刘琏的生平传记也略有交代，"为人敏慧警颖"。

刘璟，刘伯温次子，"弱冠通诸经""喜谈兵"，个性刚直，很像刘伯温。刘璟自幼聪慧而好学，年仅二十就能通晓诸经。刘伯温告老还乡后，朱元璋挂念刘伯温这些旧臣，每年都会将刘璟同章溢的儿子章允载，叶琛的儿子叶永道，胡深的儿子胡伯机召进宫。殿内相见，朱元璋会亲切询问他们大小事宜，就像是家人一般话家常。刘璟知礼聪慧有才学，所以尤其受到朱元璋的宠爱。刘璟被朱元璋任命为合门使，主要职责就是掌供奉乘舆，朝会游幸。亲王大臣乃至藩国使臣觐见之时，也由合门使接引。若是有失礼的地方，也可揪出。最重要的是，这个职位常伴帝王左右，是升官的捷径。朱元璋任命刘璟为此职的时候说："考宋制，合门使即仪礼司。朕欲汝日夕左右，以宣达为职，不特礼仪也。"任职之后，刘璟果然尽忠职守，但凡大臣失仪的地方都会毫不客气地指出纠正。朱元璋很认可他，说："凡似此者，即面纠，朕虽不之罪，要令知朝廷纲纪。"朱元璋的第十九个儿子朱穗封谷王的时候，刘璟成为谷王府中的左长使。刘璟喜欢谈论兵事，却并非纸上谈兵，而是有真才学。叶丁香叛乱之时，延安侯唐胜宗奉命讨伐，决策却都听从于刘璟，后来战争都胜利了。

刘璟因朱棣而死。初始兵起之时，刘璟跟随谷王一同入京，向朱允炆献上十六策。朱允炆未听从，后来刘璟奉命参与李景隆军事，也不受重用。李景隆兵败，朱棣夺取天下，刘璟黯然回到故乡。朱棣有心让刘璟入京辅佐自己，几次召见，却都被刘璟以生病为理由推辞了。后来朱棣强召刘璟入京，欲将他归为己用，刘璟仍称朱棣为殿下，还说："殿下百世后，逃不得一'篡'字。"朱棣听后大惊，再没了用他的心思，立刻下令将刘璟逮捕入狱。入狱后不久，刘璟自尽而死。

刘廌，刘伯温的长孙，参政公刘琏的长子。洪武二十四年（1391）三月，朱元璋念及刘伯温往日的功劳，命刘璟袭封诚意伯，刘璟以不是长子为由辞谢，于是命刘琏的儿子刘廌袭爵，并增禄为500石，此时距刘伯温去世已15年。

即便如此，因为祖父和父亲的前车之鉴历历在目，刘廌继承诚意伯的爵位后也无心政治。根据历史典籍记载，刘廌一直醉心于文学方面的活动，喜爱游山玩水以及交友，可奈何最终还是因言获罪，被削去爵位贬为庶民，也因此对官场彻底失望，从此之后再无出世之愿望。后来刘廌带着自己的母亲，回老家专心著书，同时整理了祖父刘伯温的数卷书籍，编成了《盘古集》等刘家书籍以传后世，安稳地度过了一世。

到了刘伯温九世孙，诚意伯爵位得以恢复。刘瑜是第三代诚意伯，他入朝参政，并以开国勋贵后裔身份，逐渐武化，和先代文臣的治国精神渐行渐远。嘉靖年间，刘伯温十一世孙刘世延袭爵，有平乱之功，几度沉浮，死于狱中。十三世孙刘荩臣基于前代教训，但亦作为旧勋武臣，与文臣多有矛盾。末代诚意伯刘孔昭完全是勋贵武臣作为，在崇祯朝及南明时期积极参与派系斗争，拥兵自重，在诸王内讧中翻云覆雨，但在南明覆灭之际，坚持抗清立场，保持了明朝所封"诚意伯"忠于本朝的声名。

四、伯温思想

刘伯温说"道德为方，政刑为法，人才为药"。他认为德是治军克敌的法宝，在《郁离子·鲁般·德治》中对军事行为的"德"和"力"进行了富有哲理性、系统性的论述。他认为"德"和"力"不同，以力胜敌是一时的胜利，以德胜敌是长久的胜利，也就是本质意义的胜利。另一方面"德"和"力"又是统一的，"德"可以生力，即高尚的德行可以产生天下无敌的力量。在军事实战中用无"德"之"力"会产生对敌有利的因素，即使胜了，也只能是逞一时之威。"德"和"力"的理论，在刘伯温助朱元璋纵横天下、逐鹿群雄的军事实践中得到了屡屡体现。如首战龙江，针对陈友谅"劫主胁下""弑主自立"的不正德行，刘伯温献策："倾府库，开至诚，以固志心。"强调德行取信于军民。最后，朱元璋以弱小军力大胜精尖之师。

刘伯温认为人类是阴阳共生善恶并存的存在，道德提升离不开政刑之法，"德以进善，威以挫奸"，"刑，威令也，其法致于杀而生人之道存焉"。刘伯温一方面肯定了老百姓的衣食欲望、享受欲望的天然合理性。"恶劳欲逸，人志所同"，另一方面刘伯温又认为人们的欲壑是难平的，对人们的欲望不能放纵而必须疏导和有所遏制，并且对顽劣之徒"警之以威"，需要有政刑之法来规范、约束甚至是拔除社会的病根。政刑、制度建设是维护德治、实现王道不可或缺的手段。刘伯温重德，但并不废刑，有时将德刑并举，德刑互济。国无法不治，民无法不立。刘伯温任御史中丞后，承荷着执法纠察之责，他说："宋、元宽纵失天下，今宜肃纪纲。"这是对整肃吏治而言的。但是，刘伯温主张待民宽仁，即严明法纪与惠爱百姓是可以统一的，即"严而有惠爱"；同时，他所说的"振以法令"并不是滥施刑暴，他曾"请立法定制，以止滥杀"，振肃纪纲是循法而行。为官者须秉持"诚"之质，然后自成而明理，达天地人之性理，而后德性自成，诚是万物自成之根性。刘伯温是一位清官，廉直恤民，秉公执法，以高尚的官德和人格魅力流传后世。刘伯温的官德，最突出的是刚正、诚信。他一生最鄙视、最痛恶的，是官场中那些弄虚作假、阿谀奉承的人。刘伯温为官口碑甚好，不肯结党营私。

在《郁离子》里，刘伯温用二三十则寓言故事来表达他的人才观。他主张要善于识才、辨才、养才、安才、用才，并且提出了作为智者的人才所应具备的品质和心态。他认为，智者要识时势，不作无谓牺牲，要有识主之能，要明了自身生存环境；智者还要看清人性之恶，不为财或名所困。"智慧来自人，善于用它，就如同山之出云；不善于用它，就如同火之出烟。韩非囚秦，晁错死汉，就如同烟出自火一样。"所以刘伯温强调用才用智要善用。刘伯温用才之智有个前提，用人者智慧高于人才者，德广量宏者，有识才辨才之能。在这样的前提下"安才"更有可能。刘伯温讲，招才容易，安才难。"能致而不能安，不如不致之亡伤也。"用才除了把他放在合适的位置外，还必须安其心、定其性、成其才，还必须懂得人性之多层次性多面性，有必要给予一些制度等的外在力量之导引。

安才第一招是顺其性，放在合适位置。只有顺其性，才能使能者发自内心发挥出自身的力量。刘伯温在《郁离子》中说，"道致贤，食致民，渊致鱼，薮致兽，林致鸟，臭致蝇，利致贾……各以其所好致之，则天下无不可致者矣"，之所以能够让鸟兽驯服，是因为"使之得其所嗜好而无违也"，对于自己的同类，也不能违背这一点，否则难以让人才发挥他的积极性。"人于人为同类，其情为易通，非若鸟兽之无知也。而欲夺其所好，遗之以其所不好；绝其所欲，强之以其所不欲，迫之而使从，其果心悦而诚服耶？其亦有所顾畏而不得已耶？若曰非心悦诚服，而出不得已，乃欲使之治吾国，徇吾事，则尧舜亦不能矣。"假如强迫能者做违其所好的事，不能心悦诚服，即使如尧舜这样的圣人恐怕也不能有什么作为。

安才第二招是容其短，不求全责备。《郁离子》中，刘伯温讲了赵人患鼠的故事。有个赵国人患鼠害，就请了一只中山之猫，这只猫善于抓鼠的同时喜欢吃鸡，一个月下来，老鼠是被抓完了，可家里的鸡也没了。儿子很是担心，要求父亲赶走猫，父亲如是说：我们担心的祸患是老鼠，而不是鸡。"夫有鼠，则窃吾食，毁吾衣，穿吾垣墉，坏伤吾器用，吾将饥寒焉，不病于无鸡乎？无鸡者，弗食鸡则已耳，去饥寒犹远。若之何而去夫猫也？"猫能够把鼠害镇住，可以让人衣食无忧，至于这个猫有吃鸡的毛病，就权当赏赐给猫的食物。

安才第三招是养其能，促其成长。刘伯温讲使用人才要教诲要引导，促其逐渐成长。"君子之使人也，量能以任之，揣力而劳之；用其长而避其缺，振其怠而提其躓；教其所不知，而不以我之所知责之；引其所不能，而不以我之所能尤之。"刘伯温还讲用才者要视其才质区分对待培养，譬之如树之材，"松、柟、栝、柏，可以为栋梁，种之必叁、五十年而后成。其下者，为柽柳、朴樕，种之则生，不过为薪。"……假如急于求成，不待其成长，那么栋梁之材就没有了，"今君之用人也，不待其老成，至于不克负荷而辄以法戕之，栋梁之材竭矣。一朝而屋坏，臣恐束薪不足以支之也。"用才者要视才质区分对待培养更是因为"教可行于质近，道难化乎性成"。

安才第四招是分其类，致才有别。刘伯温在《郁离子》中借公孙无人之口说："太上以德，其次以政，其下以财。德久则怀，政弛则散，财尽则离。故德者，主也；政者，佐也；财者，使也。致君子莫如德，致小人莫如财。可以君子，可以小人，则道之以政，引其善而遏其恶。"用德长久便使人感怀，政治松弛就使人涣散，钱财用尽了就使人背离。所以德为主，政为佐，财为使。招引君子没有比用德更好的办法了，招引小人不如用钱财好，既可对君子也可对小人，就用政教开导他们，引导他们行善而阻止他们作恶。圣人兼用这三样而又不颠倒它们的上下关系，因此天下的百姓没有不能聚集的了。

刘伯温主张国家必须"以农耕而兵战"，认为农和兵"犹足与手，不可独无也"。刘伯温正确认识了兵农相互依存的辩证关系，"养兵"的目的归根到底在于"卫农"，而"卫农"是"养兵"的经济基础，所以"卫农"和"养兵"必须两手抓。刘伯温的农业思想首先是把农业放在治国根本事业这一位置上，同时认为农业是人类向天地向大自然获取财富的源头，必须得到高度重视。刘伯温提出人们通过农业向大自然获取财富，要遵循"天地之盗"原理，仿照"天之大德曰生"，让万物生生不息，财成天地之道，辅相天地之宜，让天地人万物之间呈现良性循环互动。其中提出轻敛薄赋、重民养民以及关乎百姓衣食的农业，应遵循国家必要的管理与听民自为结合起来，都是"天地之盗"思想具体而微的体现。刘伯温进一步提出只有圣人才能实现"天地之盗"的原理。

刘伯温国家治理总的观点是立足民生，"国不自富，民足则富"。刘伯温认为，民是天民，是天之赤子，是由天来管理的，而当权者只不过是代天行道执理，"天以民为子，而王者代天以理，苟能以天心为心，天胡为而不喜？""君为天牧民，设官分职以任其事，废事失职厥有常刑，故非事之事君不举焉，杜其源也，妖之兴也，人实召之"，为官者犹如民之父母，"夫设官，所以为民也，官为父母，民为子，为父母而使其子不我爱，亦独何哉？故善为官者，犹农夫之善为田也，嘉谷以为亲，稂莠以为雠"。刘伯温一再把善为官比作善为田之农夫、牛羊之善牧者，当权者最大的德便是在于民生，让百姓滋养生息，通过养民育民管民，达到民足国富，所以农业主张轻敛薄赋，提倡轻敛薄赋、养民保民。"故善为官者，犹农夫之善为田也，嘉谷以为亲，稂莠以为雠""治圃如治国，养卉如养民"。只有"丰其水草，去其虫豸"，"获嘉谷，去稂莠"，在养民的同时，切实防备祸患，"保民莫切于备患也"，才能"物生"，民众才能充满蓬勃的生机。对于老百姓，对于农民还要富而教之，"式养式教""明德以新其民，修教之谓也，政教并举，治民之道备矣"。刘伯温强调在富民基础上施行教化，化民为善，只有明人伦的百姓，才有其乐融融的社会。

刘伯温在元朝当过儒学副提举，在明朝为太史令、御史中丞、弘文馆学士，复兴科举，向来非常重视教化工作。他认为"教，政之本也"，治理国家，教化应为先，教化工作不单是学校的事，而是全社会的事情。对地方长官的考核内容，最重要的就是看他的教化工作做得怎么样。刘伯温主张大力兴办学校和社会义学，在元朝写过很多提倡私塾的文章；在明洪武年间，他几乎每到一处就兴办学校。即便是着手刑法法制建设时，刘伯温都坚持把教化放在首位，"以政弼教"，"好生虽圣心，明刑亦王政"。刘伯温追求务实教育、经世致用，他重视教化的理念同样体现在其家训里，他认为建家规修家谱本身也是行教的表现。在刘伯温看来，教为政之本，无论其文本还是其实践中都非常重视教育。他在元明两朝为官时都极力推崇教育，促成了明初教育的大发展。

刘伯温与宋濂、高启并称"明初诗文三大家"。刘伯温的文学天分和造诣是很深厚的，他享年六十五岁，为中国的文学事业留下了丰富多彩的作品，其中包括诗集，散文集等。其中较为著名的作品有《郁离子》《覆瓿集》《写情集》《犁眉公集》《春秋明经》等。刘伯温流传于世的有《郁离子》十卷和《诚意伯文集》二十卷。其中，代表作《郁离子》一书在中国思想史和文学史上都占有重要地位。

《四库全书提要》中提到，刘伯温的文章"神锋四出，如千金骏足，飞腾飘瞥，蓦涧注坡"。《明史》说他"所为文章，气昌而奇，与宋濂并为一代之宗"。"气昌而奇"是刘伯温文章特色。"气昌"是指文章的说服力感染力强，这是因为他的文章说理充分，"理明而气昌"之故。至于"奇"，是指说理方式奇特。刘伯温三分之二的散文是通过寓言故事，采用讽喻的手法来表现主题思想的。刘伯温的诗文理论力主讽喻之说，提倡理、气并重，重视时代风格，对晚明讽刺小品的勃兴起了先导作用，重视文学之于社会的能动作用，其经世致用的文学思想对于扫荡元末文坛纤弱之风，为明初新一代文风之振起，在理论上起了开道的作用。

刘伯温以诗议政，体现了作者强烈的参政意识和批判精神，其所议论的范围包括元代至正年间吏治、军政等种种社会弊端。从诗歌的渊源角度考察，以诗议政，客观上承续宋人"以议论为诗"之传统，主观上则因其固有的经世致用的文学观念使然。诗作情、理兼具，刘伯温的文章既有社会认识价值，又有艺术审美价值。

刘伯温的人生定位是做一个谋臣，协助王者谋求救时之政，关注民生，为民谋福，建立理想社会。在《二鬼》诗里，他描绘的理想社会是："启迪天下蠢蠢氓，悉蹈礼义尊父师""履正直，屏邪歆，引顽嚚，入矩规""雍雍熙熙，不冻不饥，避刑远罪趋祥祺"，打造一个安康、和乐、有序的社会。

附　录

刘基年谱

元武宗至大四年（1311），1岁，六月十五日，刘伯温诞生于青田县南田山武阳村。

泰定帝泰定元年（1324），14岁，刘伯温入括城（处州府治，今丽水附近）郡庠读书。

元文宗天历元年（1328），18岁，刘伯温约开始在青田石门洞读书，著《春秋明经》二卷。

元宁宗至顺三年（1332），22岁，刘伯温赴杭参加江浙行省乡试，中第14名举人。

元惠宗至顺四年十月改元元统（1333），23岁，刘伯温赴大都会试，作《龙虎台赋》，中三甲第二名进士。

元顺帝至元二年（1336），26岁，刘伯温初登仕途任江西瑞州路高安县丞。

至元三年（1337），27岁，刘伯温为高安县丞。

至元四年（1338），28岁，刘伯温仍为高安县丞。"新昌州有人命狱，府委公复检，案核得其故杀状，初检官得罢职罪，其家众倚蒙古根脚，欲害公以复仇。江西行省大臣素知公，遂辟公为职官掾史"。

至元五年（1339），29岁，刘伯温为江西行省职官掾史，"以谠直闻"，凭借他的耿介在官场闻名。

至元六年（1340），30岁，刘伯温为江西行省职官掾史。秋天，他跟幕僚商议事情意见不一致，呈递弹劾自己的状文弃官而去。

至元七年正月改元至正元年（1341），31岁，刘伯温隐居力学三年。《百战奇略》《多能鄙事》约作于是时。

至正四年（1344），34岁，刘伯温游学江东，小驻丹徒，并曾赴大都，历三年乃归，写了不少诗词。

至正七年（1347），37岁，刘伯温离江东返家。

至正八年（1348），38岁，刘伯温寓居杭州，为江浙行省儒学副提举、行省考试官。长子琏（字孟藻）生。

至正九年（1349），39岁，辞职，闲居杭州，刘伯温因谏言监察御史失职一事，被台臣所阻，递上辞官文书后归隐。

至正十年（1350），40岁，刘伯温闲居杭州，次子璟（字仲景）生。

至正十一年（1351），41岁，刘伯温闲居杭州，至年底，徐寿辉兵锋指向饶州、信州，时局有变，带病辞杭归里。

至正十二年（1352），42岁，刘伯温复回杭州，省檄为浙东元帅府都事，复自杭赴浙东，在台州、温州一带参与戎事，并议筑庆元诸城拒敌。

至正十三年（1353），43岁，刘伯温年初在杭，三月由浙东元帅府都事辟为行省都事。十月因建议招捕方国珍，"以为伤朝廷好生之仁，且擅作威福"，受免职羁管绍兴的处分。十月至年底，刘伯温在青田家乡。

至正十四年（1354），44岁，刘伯温居于绍兴，放浪山水，以诗文自娱，广交朋友。

至正十五年（1355），45岁，刘伯温仍居绍兴，放浪山水，以诗文自娱，在绍兴两年多中，写了不少诗、游记。

至正十六年（1356），46岁，刘伯温年初仍在绍兴，二月赴杭，复任行省都事。三月自杭归处，与石抹宜孙同谋剿匪。

至正十七年（1357），47岁，刘伯温改任行枢密院经历，与行院判石抹宜孙守处州，因功升行省郎中。

　　至正十八年（1358），48岁，刘伯温任行省郎中，年底，执政者抑其军功，仍以儒学副提举格授处州路总管府判，且不与兵事，乃愤而弃官归里。在处州期间，与石抹宜孙歌诗往来很多，结集为《唱和集》。

　　至正十九年（1359），49岁，刘伯温隐居家乡青田，著《郁离子》，"以待王者之兴"。

　　至正二十年（1360），50岁，三月，刘伯温应朱元璋聘，与宋濂、章溢、叶琛赴金陵，刘伯温向朱元璋呈"时务十八策"。受到朱元璋礼遇，朱元璋特地为"四先生"建造礼贤馆。从此，刘伯温参与军机，成了朱元璋开创明王朝的主要谋士。闰五月，陈友谅引兵攻建康，刘伯温竭力主战，最终大获全胜。

　　至正二十一年（1361），51岁，刘伯温参与军机，力劝朱元璋摆脱韩林儿自成局面，大展宏图，并为之订下了先灭陈友谅后灭张士诚的征讨大计。在刘伯温谋划下，朱元璋下江州，降洪都。

　　至正二十二年（1362），52岁，刘伯温回乡葬母。回乡途中，平定金、处苗军之乱。朱元璋多次写信给他，咨询国之大事，刘伯温逐条对答都切中实情。

至正二十三年（1363），53岁，刘伯温营葬母毕，回京，途中助建德守将李文忠退张士诚军。二月，张士诚围安丰，刘福通请兵救援，刘伯温建议不出兵，朱元璋不听。四月，陈友谅乘间围洪都，与陈友谅大战鄱阳湖。刘伯温救了朱元璋一命，陈友谅兵败身亡。

至正二十四年（1364），54岁，朱元璋即吴王位，刘伯温仍参与军机。每召见刘伯温，总是屏退旁人，密语多时。刘伯温也认为朱元璋是世上罕有的知音，知无不言，言无不尽。碰到急难，总是勇气奋发，谋划立定。平时，则敷陈王道，朱元璋往往是洗耳恭听，常称呼他为老先生而不直呼其名，称赞其为"吾子房也"。

至正二十五年（1365），55岁，刘伯温在应天，仍参与机密谋议。七月，吴置太史监，以刘伯温为太史令。

至正二十六年（1366），56岁，刘伯温为太史令。八月，朱元璋乃命刘伯温卜地，定作新宫于钟山之阳。

至正二十七年（1367），57岁，刘伯温为太史令，十月，吴置御史台，以刘伯温为御史中丞，平反滞狱若干人，奏请立法定制，与李善长等一起定律令。十一月，上《戊申大统历》。十二月，《律令》成。

洪武元年（1368），58岁，刘伯温任太史院使、御史中丞，复兼太子率更令，奏立军卫法。三月，改太子赞善大夫。四月，朱元璋赴汴梁，李善长、刘伯温留守京师。刘伯温奏斩中书省都事李彬，忤李善长。夏，妻丧，八月告归，十一月奉召还京。

洪武二年（1369），59岁，刘伯温以资善大夫御史中丞兼太子赞善大夫居京师。十月，与朱元璋论宰相人选，忤杨宪、汪广洋、胡惟庸。

洪武三年（1370），60岁，刘伯温以资善大夫御史中丞兼太子赞善大夫在京，四月兼弘文馆学士，十一月晋封开国翊运守正文臣、资善大夫、护军、诚意伯。

洪武四年（1371），61岁，刘伯温告老归田，二月至家。八月，朱元璋致书问天象事。

洪武五年（1372），62岁，刘伯温致仕还乡后回到青田山中，不预外事，唯饮酒弈棋，口不言功。青田县令上门请求拜访他，刘伯温避而不见。

洪武六年（1373），63岁，刘伯温遭胡惟庸等构陷，被夺禄。七月入朝引咎自责，留京不敢归。作长诗《二鬼》。

洪武七年（1374），64岁，刘伯温留应天府，病衰。

洪武八年（1375），65岁，刘伯温在京，病重，胡惟庸遣医视疾后病转重。三月，朱元璋制《御赐归老青田诏书》，遣使护送归家。临终前交代遗嘱，"修德省刑"。刘伯温于四月十六日卒，六月葬于夏山。

后 记

经历一个漫长的酝酿期，当我开始着手写刘伯温的时候，我已经抑制不住内心的汹涌澎湃，我对这个历史人物的认知也从神化而走向真实。他的耿介、他的胸怀、他的良谋、他的文章，在我的笔下流淌；他的清醒、他的无奈，他积极入仕，又多次愤而离去，像极了你我一样怀揣赤子之心的人们，所以我必须去写，让更多读者看到历史上最真实的刘伯温。

此书的完成，首先要感谢赵维宁编辑，他孜孜不倦地轻言敦促，让我有不遗余力完成的动力。同时，感谢爱人刘维贵对我的大力支持和鼓励，感谢女儿刘艺菲对妈妈的过誉。感谢刘浩、范梦蝶、贾梦瑶等学生帮助我搜集相关史料。因为有你们陪伴，我在写作的道路上不会感到孤寂，而备感幸福。最后，感谢一下我自己，在定稿阶段，我所在的城市郑州，遭遇了百年不遇的水灾，家里停水停电，我没有停止写作，我在几个月内只为了一个目标而努力，心无旁骛。此书的完成，更加磨炼了我的意志，向辛勤努力的自己致敬!

由于笔者水平有限,书中有不当之处,敬请读者批评指正!